Las incertidumbres

D1099525

Novela

Jaume Cabré
Las incertidumbres
Sobre la creación del mundo

Traducción de Ricard Vela

 DESTINO

El papel utilizado para la impresión de este libro es cien por cien libre de cloro y está calificado como **papel ecológico**.

No se permite la reproducción total o parcial de este libro, ni su incorporación a un sistema informático, ni su transmisión en cualquier forma o por cualquier medio, sea éste electrónico, mecánico, por fotocopia, por grabación u otros métodos, sin el permiso previo y por escrito del editor. La infracción de los derechos mencionados puede ser constitutiva de delito contra la propiedad intelectual (Art. 270 y siguientes del Código Penal). Diríjase a CEDRO (Centro Español de Derechos Reprográficos) si necesita fotocopiar o escanear algún fragmento de esta obra. Puede contactar con CEDRO a través de la web www.conlicencia.com o por teléfono en el 91 702 19 70 / 93 272 04 47

Título original: *Les incerteses. Sobre la creació del món*

© Jaume Cabré, 2015
© Raval Edicions, SLU, 2015
© de la traducción del catalán, Ricard Vela
© Editorial Planeta, S. A., 2015, 2016
   Ediciones Destino, un sello editorial de Editorial Planeta, S. A.
   Avda. Diagonal, 662-664, 08034 Barcelona (España)
   www.edestino.es
   www.planetadelibros.com

Adaptación de la cubierta: Booket / Área Editorial Grupo Planeta
Fotografía de la cubierta: © «La condición humana», 1933 National Gallery of Art, Washington. Bridgeman/Index. © René Madritte, VEGAP, Barcelona, 2014
Fotografía del autor: © Xabier Mikel Laburu
Primera edición en Colección Booket: marzo de 2016

Depósito legal: B. 1.232-2016
ISBN: 978-84-233-5040-7
Impresión y encuadernación: CPI (Barcelona)
Printed in Spain - Impreso en España

Biografía

Jaume Cabré (Barcelona, 1947) es un autor fundamental de la literatura catalana contemporánea. Durante muchos años compaginó la literatura con la enseñanza y los guiones para cine y televisión. Su labor literaria está centrada en la novela y el relato, pero también ha publicado teatro y varios libros de reflexión sobre la escritura y la lectura. Su obra, con títulos como *La telaraña*, *Fray Junoy o la agonía de los sonidos*, *Libro de preludios*, *Señoría*, *La sombra del eunuco*, *Las voces del Pamano*, *Viaje de invierno* o *Yo confieso*, ha sido traducida en más de quince países y ha conseguido un éxito arrollador en Alemania, Italia, Francia, Polonia y Holanda, convirtiéndolo en uno de los autores imprescindibles del panorama literario actual. Su novela *Yo confieso* le valió varios premios de prestigio, entre otros, el Premi Ciutat de Barcelona 2014 y el Prix Courrier International a la mejor novela extranjera 2013.

A Margarida

Lo que perdura, lo fundan los poetas.

JOHANN CHRISTIAN FRIEDRICH HÖLDERLIN

—¿Y el robledal umbrío? —¡Lo talaron!
—¿Y el almez de la era? —¡Ya no está!

JACINT VERDAGUER

De joven, me gustaba leer mucho.
Ahora, me gusta mucho leer.

BERNARDO ATXAGA

Pocos meses antes de dar por terminado este libro, tuve el privilegio de mantener unas largas conversaciones con un amigo de toda la vida, Cristòfol A. Trepat, historiador, catedrático de Historia y músico, destinadas a ser publicadas en forma de libro;[1] a pesar de que, durante toda mi vida, he arreglado el mundo durante horas y horas con Trepat y con otro gran amigo, y últimamente con dos amigos más, estas conversaciones guiadas por él me han marcado y me han ratificado en conceptos que si aparecen en estas páginas será en un proceso de evolución diferente. Quiero decir que he procurado evitar repeticiones, porque algo que temo por encima de todo es hacerme pesado. De todos modos, el libro de Trepat incide fuertemente en cuestiones personales y biográficas que aquí evito sistemáticamente.

Con *Las incertidumbres* reincido en la necesidad de hacer un parón mental, de mirar hacia atrás, de pensar en todo lo que he leído, he escrito y he vivido,

---

1. *Què pensa Jaume Cabré,* Cristòfol A. Trepat, Dèria editors, Barcelona, 2014.

y de intentar dar explicaciones que tal vez serán inútiles porque nadie me las ha pedido.

Comencé esta clase de reflexiones con *El sentit de la ficció*, con la voluntad oculta de distanciarme respecto de *L'ombra de l'eunuc*, que era la novela que había escrito hacía poco. La experiencia me gustó no tanto por el resultado como porque me suponía un tiempo real y mental de alejamiento de la sombra alargada de esa novela que me había ocupado tanto tiempo. Cuando escribí *La matèria de l'esperit* también huía de otra sombra alargada, en este caso la de *Las voces del Pamano*. Y el libro que ahora prologo también es una huida terapéutica de la sombra demasiado alargada de *Yo confieso*. En este tipo de libro, las reflexiones me han servido para dar paso a interrogantes; a medida que me he hecho mayor, libro a libro, todo es más incierto y los interrogantes se han multiplicado.

J. C.

I

Como una fuente, la palabra

Cuando me libré de las tareas de corrección de las últimas pruebas de *Yo confieso*, me quedé paralizado y me pregunté qué haría con mi vida a partir de entonces. Habían sido ocho años de trabajo intenso, desde el invierno de 2003 hasta el 27 de enero de 2011, cuando me di cuenta de que cualquier intervención que pudiera hacer en el texto a partir de ese momento era para empeorarlo; entonces decidí dar la novela por definitivamente inacabada y, con el texto ya en manos del editor, iniciamos el proceso de producción del libro con el repaso y la discusión, si era necesaria, del texto línea a línea. Y cuando eso estuvo acabado, la pregunta: ¿y ahora qué? El inmenso *horror vacui* que me abruma cuando acabo una novela. De hecho, había empezado a estrenarme en el nuevo estado civil de escritor con novela acabada y, a pesar del trabajo que me suponía eso de seguir de cerca las peripecias del texto, los interrogantes de los que cuidaban de él, las observaciones del corrector, etcétera, ya empezaba a tener por delante una nueva perspectiva de tiempo libre que comencé a llenar con unos cuantos meses de lecturas intensas para intentar compensar, si eso es posible, tanto tiempo dedicado a la escritura con sólo unos mínimos demasiado escasos para la lectura.

Ahora bien: cuando le doy una novela al editor nunca tengo, ni puedo tenerla, una sensación de alegría o de desencanto por haberme acercado o no a lo que quería hacer. Como no parto de una idea sólida previa, no poseo ningún ideal inalcanzable como modelo al que deba aproximarme. Por lo tanto, no puedo decirme: «Esto es —o no es— lo que quería hacer». Para ser más exactos, sólo puedo decirme: «Esto es lo que he encontrado después de tanto buscar». O, tal vez: «No sabía del todo de donde salía, pero he llegado hasta aquí».

Recuerdo que durante el 2003, antes de que saliese a la calle *Las voces del Pamano* (otro momento de incertidumbre), escribí un cuento en que Nicolau Eimeric se me fundía con Rudolf Höss. Lo comenté con Vicenç Villatoro, un día que coincidimos en el tren, para responderle a la temible pregunta «¿Y qué estás haciendo ahora?». Le hablé de este hallazgo y de que no sabía si eso me llevaría o no a alguna parte. De hecho, recuerdo que me gustó la idea de la simultaneidad moral de dos personajes que tenían tanto en común que el hecho de que los separaran quinientos años me resultaba anecdótico y sin importancia. Porque ambos, Eimeric y Höss, eran *el mismo personaje*. De vez en cuando debo recordarme que el novelista trabaja con personajes, no con personas... Y que eso que los unía sólidamente a ambos era que mataban en nombre de una Idea y que, con esta coartada, se dedicaban a ello con alegría, sin ningún tipo de escrúpulo y sin sentir empatía por las víctimas, porque eran enemigas de la Idea.

Mientras iba haciendo estos descubrimientos, participé en uno de los encuentros con escritores que Ferran Rella y Joan Blanco organizan en el Pirineo. Ese encuentro tenía su base en Sort y su nexo o tema era el Pallars. De resultas de ese encuentro, donde estableces lazos o los rehaces, o conoces gente interesante con la que no habías hablado nunca, escribí un cuento titulado «Refugi», que se ha publicado en una de las recopilaciones que se desprendían de esos encuentros, que es la historia de fray Pere, un hombre que tiene que huir por razones de amor y que cuando regresa, después de un periplo que lo lleva a Tierra Santa, se refugia, escapando de algún temor que yo no acababa de saber cuál era, en el pequeño y aislado monasterio de Sant Pere del Burgal, en el valle de Àneu.

Hoy Sant Pere del Burgal son unas ruinas consolidadas con buen criterio que lucen en el interior de su ábside central una reproducción de las pinturas murales cuyo original se encuentra en el MNAC. Durante los años que duró la elaboración de *Las voces del Pamano* subí de manera obsesiva a Sant Pere del Burgal, a buscar refugio, lejos de todo, para poder pensar sin estorbos. Y después, con la novela acabada y con la siguiente en marcha, he seguido haciéndolo. Hoy puedo decir que la manera de ser de *Yo confieso* se basa en esta presencia misteriosa de Sant Pere del Burgal en mi vida.[2]

2. Responsables de Escaló, la Guingueta d'Àneu y el Parc

Pero para comprenderlo es necesario haber leído la novela, que no se desarrolla en el Pallars, precisamente, como sí sucedía en la anterior, sino en toda Europa y con un énfasis especial en el Eixample barcelonés.

Sé que iba escribiendo a ciegas estos personajes que he citado antes, sin preguntarme hasta dónde podían llevarme. Un día me di cuenta de que podía relacionar al personaje de «Refugi» con el inquisidor Eimeric y las páginas que le había dedicado. Durante muchos años, Burgal y fray Pere me han acompañado fielmente mientras la novela, en la que ya dominaban Adrià Ardèvol y Bernat Plensa, sin que pudiera saber todavía cuál de los dos era su verdadero protagonista, iba tomando cuerpo y yo descubría nuevos personajes y nuevos recovecos. No fue hasta que acabé de hilvanar toda la historia cuando le cambié el nombre a fray Pere, al que ya había nombrado ayudante de Eimeric, que pasó a llamarse fray Miquel, como dominico, y, ya en el Burgal, como benedictino, fray Julià. Y le cambié los temores con que había nacido en el cuento. El caso es que sufría.

Otro espacio esencial de la novela es Tübingen. El Brechtbau, pero también el cementerio. He estado varias veces en Tübingen. Y en el muy cercano pueblecito de Bebenhausen, donde se encuentra un

---

Natural de l'Alt Pirineu organizaron un encuentro con lectores de *Yo confieso* en Sant Pere del Burgal. Una tarde lluviosa de verano, más de doscientas personas subieron hasta el monasterio con paraguas y muchas ganas de hablar del libro. Y acabamos bajando cuando ya era de noche. Son esas alegrías que te reservan los lectores y que hacen que el paraje solitario de Sant Pere del Burgal tenga una presencia aún más fuerte en mi vida.

monasterio que visité un día de frío obsceno y que se me ha quedado grabado en la memoria. Fui con Isidor Cònsul y su mujer, Romi. Ya estaba escribiendo la novela, pero no sospechaba que, atando cabos sueltos, el monasterio acabaría teniendo su importancia. Hace poco volví al cementerio y al monasterio de Bebenhausen con Margarida y con el profesor Johannes Kabatek. Lo he visitado tantas veces con la imaginación que, al volver a verlo al cabo de unos años, lo encontré demasiado cambiado... Me dieron ganas de tirarles de las orejas a los responsables municipales...

Bebenhausen, Bebenbeleke, Tübingen, Sant Pere del Burgal... y un piso del Eixample barcelonés que iba adquiriendo cada vez más importancia. Con estos elementos desligados ya tenía materia para ir construyendo un mundo. O para intentarlo. Ahora mismo, más que contento, me siento liberado, o descansado, porque este mundo —que no sabía cuál era y que acabó siendo Europa— ya está construido. Es bueno, no lo es, es necesario, o no... El caso es que ahora queda en manos de quien quiera leerlo, y yo, como hizo fray Miquel pidiendo amparo en el monasterio de Sant Pere del Burgal, puedo refugiarme de nuevo en la lectura, que es mi alimento. A veces pienso que, sin pretenderlo previamente, escribo novelas cada vez más largas porque es la mejor manera de ganarme una generosa temporada dedicada a la lectura, sin remordimientos por el hecho de no escribir. Tengo tan metido en la cabeza el deber de la escritura, que no hacerlo me produce un cierto —y a menudo injusto— malestar.

Pese a que es un género que no domino, a veces

he cedido a la demanda de escribir artículos para la prensa. Hacer un artículo me cuesta muchísimo y compadezco a los que tienen que hacerlo diariamente. Ya sé que Josep Maria Espinàs prorrumpiría en risas si leyera esto; pero cada uno es cada uno. Durante un tiempo estuve escribiendo, con esfuerzo, artículos para el suplemento de cultura del diario *Avui* que me servían para pensar sobre cosas del oficio. Cosas que quizá había dicho en alguno de mis libros de reflexión sobre el oficio de escribir, de crear y de vivir, o cosas que quería recordar para decirlas más adelante en un nuevo libro como el que estoy elaborando. Y, a tenor de todo lo que he escrito hasta ahora, se me ha ocurrido que alguna de las ideas que estoy rumiando ya las había expresado en alguno de aquellos artículos. Los reproduciré de vez en cuando, tal como aparecieron o modificando su formato para quedarme con sus tripas. Anunciándolos o integrándolos en el texto. Uno de ellos lo escribí cuando estaba bastante adelantado en la elaboración de lo que acabaría siendo *Yo confieso*. Era acerca de una idea que había descubierto, no sabría decir cómo, pero que los violinistas o, si se prefiere, la gran mayoría de los instrumentistas tienen clara desde el primer momento. El hecho mismo de verbalizarlo me hizo construir aspectos argumentales que no sabía cómo concretar. Reconozco que recibí una ayuda bastante especial: la del gato de casa. Iba a decir «mi gato», pero eso habría sido mentira. He descubierto que el gato me llevó a mirar el caleidoscopio al revés, como el día que un violinista joven pero en plena carrera me comentó que en un par de meses tenía que devolver el guarneri con el que había tocado esa noche memorable y que era el que utilizaba en ese momento porque había ganado la posibilidad de poseerlo durante cuatro años en un concurso.

—Caramba, qué pena, ¿no? —le dije yo, siempre con tanto tacto.

—¿Pena? ¡Al contrario! ¡He tenido el privilegio de convivir con este magnífico instrumento durante cuatro años! ¡Seguro que esto me habrá ayudado y me ayudará en mi carrera!

Un violinista y un gato me impulsaron a mirar las cosas desde otros ángulos distintos a los habituales. Lo comenté en confianza con mis personajes que ya vivían en *Yo confieso*, y estos, sin encomendarse a nadie, utilizaron mis reflexiones como si fueran suyas. No puedes fiarte ni de tus personajes.

Lo que les conté es que en ocasiones es bueno mirar el mundo desde otro ángulo. De la misma forma que he de aceptar que nunca he tenido un gato, sino que, en un período bastante largo de mi vida, he estado al servicio de un gato que me permitía, con una cierta displicencia, que yo viviera en mi casa con él, los violinistas, violonchelistas o violistas que tienen la suerte de usar un instrumento con pedigrí, de esos que valen una fortuna inalcanzable y que, normalmente, son legados de instituciones para un largo período de tiempo o para toda la vida activa del instrumentista que se lo merezca, tienen una relación parecida con el instrumento. Los violines no son de los violinistas: los violinistas son de los violines. A lo largo de la larga vida de un violín, diversos intérpretes de vida limitada intentan sacarle el mejor sonido y un buen día desaparecen de su lado y son sustituidos por otro instrumentista. Y el instrumento, como ciertos vinos con cuerpo, como algunas personas, mejora con el tiempo.

Reviví esta experiencia más hacia acá: Helena Satué, para rematar una conversación pública que habíamos mantenido el profesor Xavier Pla y yo en el Kosmópolis del CCCB, nos regaló la chacona de la segunda partita; admirable, segura, rotunda, intensa, sensible... Eran sus últimos meses con el guarneri que tocó aquella tarde. Ella sabe que la mayoría de los jóvenes de su edad ahorra para solucionar el problema del piso; ella ahorra para poder comprarse un buen violín con años encima; y sí, está contenta y feliz de haber tenido el privilegio de acompañar al violín durante un fragmento de su largo currículum y de crecer a su lado y en parte gracias a él.

Tanto hablar de violín me ha abierto el apetito; con la magia de la técnica, me he regalado un buen recital para saciarlo: tres cuartetos de Beethoven interpretados por el Cuarteto de Budapest, una formación que nació en 1917 con tres húngaros y un holandés y que durante sus primeros veinte años de vida fue sustituyendo a sus componentes fundadores por intérpretes siempre rusos, haciendo variar, lógicamente, su tradición interpretativa hasta llegar a la que los consagró. Hasta su disolución en 1967, el Cuarteto de Budapest se convirtió en una referencia de la forma de entender la formación del cuarteto de cuerda. A su sonido maravilloso ayudaba que tocaban con cuatro Stradivarius propiedad de una fundación americana.

Si observamos la trayectoria de otros cuartetos de cuerda veremos que les pasa lo mismo que a los okupas de violines famosos: el Cuarteto Joachim (en activo entre 1851 y 1907) sólo conservó siempre a su primer violín (Joseph Joachim). Pero diversos violines segundos, violas y violonchelos pasaron por la formación, sirviéndola en distintos países y reproduciendo su estilo fundacional. O el Cuarteto Húngaro, en activo entre 1935 y 1970 y servido también por diversos intérpretes. O el Cuarteto Juilliard, o el Pro Arte, o... El nombre de la formación sobreviviendo a sus componentes, tal como el instrumento sobrevive a los intérpretes.

Los instrumentistas de grupos estables de cámara y, concretamente, los de un cuarteto de cuerda, la formación más comprometida, más difícil y más placentera de interpretar y de escuchar, deben tener la categoría profesional de solistas pero, primordialmente, tienen que saber emplear la formación; saben que están construyendo un ente vivo, al que le imponen un nombre, y saben que si consiguen darle continuidad y categoría artística, esa entidad irá adquiriendo voluntad propia, formada por el poso de las horas de ensayo, de discusión del repertorio, de discusión sobre un planteamiento estético, de visitas de formación en los ámbitos de otros cuartetos más reconocidos, de probaturas, de crisis, de peleas, de cambios de liderazgo, de rupturas y cambios de personas, de muerte de alguno de los componentes... Mientras hablo de esto me resulta inevitable pensar en *Una música constante*, la magnífica novela de Vikram Seth cuyo protagonista es segundo violín de un cuarteto estable.

En algunas ocasiones se han montado cuartetos de lujo. ¿Podemos imaginar a Haydn (violonchelo) y a Mozart (viola) tocando juntos en un cuarteto? Eso se llevó a cabo con los compositores y violinistas Jan Vanhal y K. D. von Dittersdorf en la década de los ochenta (del XVIII), en un momento en que el mismo Haydn ya había establecido la personalidad propia de esta formación de cámara. Precisamente de esta época son los seis cuartetos que Mozart le dedicó a Haydn, maestro, amigo y colega circunstancial de cuarteto. Pero estos casos excepcionales, curiosos, no se dan con la pretensión de constituirse en formación estable, sino para pasarlo bien o, en otras ocasiones, para llevar a cabo giras esporádicas.

Hoy, cuartetos más jóvenes, como el Hagen (¡ahora me doy cuenta de que hace ya treinta años que echaron a andar!) y, aún más, el Casals (ahora también caigo en la cuenta: ya no son tan jóvenes), están siguiendo una trayectoria impecable. La trayectoria de este último me sorprende mucho: se fundó con chicos de veintipocos años; ahora rondan la cuarentena y, como puede leerse en una cita que aparece en su web, «están tocando juntos sólo desde el año 1997 y suenan como si hubieran estado tocando desde hace media eternidad», que es uno de los mejores elogios que puede hacerse de un cuarteto. Los cuartetos que hacen historia están formados por instrumentistas de alto nivel que dejan de lado su posible carrera sistemática de solista y dedican casi todos sus esfuerzos profesionales al cuarteto. Son primeros espadas que se presentan siempre en grupo. Hace poco volvía a escucharlos en directo en Vilabertran:

aún más maduros, más globales, más admirables. Y, afortunadamente, bien cerca emergen nuevos cuartetos de músicos jóvenes y de futuro esplendoroso, como el Quixote o el Gerhard, por ejemplo, que me enamoraron hace pocos meses. Por cierto: un día en que filosofaba, Jascha Heifetz dijo: ¿qué hace un ruso solo? Es un anarquista. ¿Qué hacen dos rusos? Juegan al ajedrez. ¿Y qué hacen tres rusos? Una revolución. ¿Y cuatro rusos? El Cuarteto de Budapest.

Escuchando mucha música, *Yo confieso* iba naciendo a partir de unos estímulos que podría llamar rurales e históricos, por influencia, seguramente, aunque fuera un eco lejano, de los siete años de inmersión en el mundo de *Las voces del Pamano*. Hasta que, sabiéndome perdido entre inquisidores y monjes lejanos en el tiempo y en el espacio, en un acto de rebeldía decidí que la calle València esquina con Llúria debía ser un centro neurálgico de la novela. Y me vi reviviendo mis años decisivos (infancia y juventud) pasados en el Eixample.

Un amigo mío, nacido en Cuenca, que hizo sus estudios universitarios en Zaragoza y que es castellonense desde hace mil años, siempre me dice que, como afirma Max Aub, eres de donde has cursado el bachillerato. Siguiendo esta premisa, que a mí me parece rotundamente plausible, soy barcelonés sin remedio, por más que haga cuarenta años que no vivo en Barcelona y que considere un honor que me tengan por tarrasense y matadeperense. Por eso, para reencontrarme, elegí el pedazo del Eixample barcelonés en que nací y crecí, para tener donde agarrarme, ya que Eimeric, fray Miquel o Rudolf Höss estaban demasiado alejados de mí.

Al revivir la vida del Eixample, recordé que cuando yo era pequeño algunas calles se llamaban de manera distinta a la actual, y también me acuerdo de que mis padres nos decían que esas calles tenían otros nombres antes de la guerra, pero que los fascistas los habían cambiado. En seguida me vino a la cabeza la reflexión que ya había usado en *Las voces del Pamano* sobre la importancia del nomenclátor de las calles. En la novela, una de las primeras escenas es aquella en que el consistorio de Torena, surgido de las primeras elecciones democráticas después de la dictadura, cambia los nombres de las calles que tenían connotación franquista, que habían sustituido, a su vez, al terminar la guerra, a los que tenían algún sentido democrático, de catalanidad y de relación con la República. Cuando las cosas vienen mal, los primeros en sufrirlo son los nombres de las calles. Pero no todos. Recuerdo que para mí, cuando era pequeño, Ausiasmarc era el nombre de una calle, como Aribau o Rugedaflò. En ningún momento se me ocurrió pensar que fueran nombres de personas y que alguna razón habría para que se bautizaran las calles con sus nombres. El nomenclátor dibuja el talante de la villa. Que la toponimia urbana marca la vida de los súbditos también lo saben las dictaduras, y por eso una de las primeras cosas que hacen es rebautizar calles y plazas con los nombres de sus héroes. Cuando el régimen cae (todos los regímenes caen: siempre triunfa el tiempo) es necesario cambiar los nombres de las calles porque producen mal efecto. En mi infancia barcelonesa, a la Gran Via la llamaban avenida de José Antonio, y a la Diagonal, avenida del Generalísimo Franco. Qué lejos que me queda todo eso... Bueno: lo ponía en las placas clavadas en la pared y en los papeles oficiales, porque todo el mundo, sin excepción, decía Gran Via y Diagonal. En mi infancia barcelonesa un día me di cuenta de que Rugedaflò y Ausiasmarc (el régimen franquista no los cambió por pura ignorancia de los censores, o porque la antigüedad no les parecía peligrosa) eran nombres de personas y que debían escribirse Roger de Flor y Ausiàs March. Y aprendí que uno era un almogávar heroico y ambicioso y el otro un poeta triste e inmenso. Y que Aribau era el nombre de otro poeta, como también lo era el del paseo y la plaza de Maragall.

Más adelante supe que Ausiàs March, el poeta triste e inmenso, era quien había escrito aquello de *Jo son aquell pus extrem amador*, o, para dejarlo más claro, *Jo só aquest, que em dic Ausiàs March*. No sé si alguien se ha entretenido en ello, pero un estudio bien planteado sobre los nomenclátores dedicados a la literatura de los municipios del país nos reportaría sorpresas y descubrimientos. Y carencias. Llull, Verdaguer, Martorell, Guimerà, Joan Fuster, Rodoreda, Espriu, Foix, Vicent Andrés Estellés, Carner, Ausiàs March, Muntaner, Aribau, Joan Alcover... Estos son los nombres que hemos visto repetidos en muchos lugares.

Denominar una calle con el nombre de un escritor es honrar al escritor y honrar a la población que lo hace, que se reconoce como lectora. (En fin, la frase me ha salido muy optimista, pero no la quiero eliminar: soñemos que el colectivo que elige el nombre de un escritor es que se reconoce como lector.) Llevando la buena nueva por estos mundos de Dios he tenido el privilegio de dar charlas de divulgación e introducción a Llull, a Guimerà, a March o Verdaguer, entre otros. Normalmente, allá donde iba existía la plaza Mosén Cinto, la calle Ramon Llull o la avenida Ausiàs March. Y la gente que venía a escucharme ya sabía que hablaríamos de alguien muy importante, pero en la mayoría de los casos no le habían leído un solo verso ni por asomo, aunque vivieran en el paseo de Àngel Guimerà. En la charla leíamos al autor, lo descubrían y les gustaba; se trataba de eso, está claro. Y si se me permite un paréntesis totalmente personal, no puedo abstenerme de expresarlo: es sobre los nombres de escritores que bautizan la toponimia de las localidades. Hace unos años me invitaron a la Biblioteca Jaume Fuster (en los Josepets, en Barcelona) precisamente para la presentación de *Yo confieso*. Aún no había tenido ocasión de visitarla. Recuerdo que llegué con tiempo de sobra y que, contemplando la puerta principal, con el nombre de «Biblioteca Jaume Fuster», me emocioné, porque Jaume era un amigo, un buen amigo que murió demasiado pronto para la tarea que aún quería llevar a cabo y que todos querríamos que hubiera llevado a cabo. Hacía ya tiempo que oía frases como «He ido a la Fuster, que había un ciclo de...». «En la Jaume Fuster, encuentro de poetas de...» «Ah, ¿sí? ¿Has ido? ¿Dónde está?» «En los Josepets.» Y siempre pensaba más en Jaume que en la nueva y espectacular biblioteca barcelonesa que lleva el nombre de un escritor barcelonés de los pies a la cabeza, que nació y creció en la calle Tallers. Os invito a buscar (la calle Tallers no es muy larga) y a contemplar la sencilla placa sobre la puerta del edificio en que nació. Hace un momento he usado a posta el término *Josepets* como barcelonés que se jacta de tener un buen currículum; cuando era pequeño, al barrio dels Josepets sólo se le llamaba así, aunque oficialmente, antes de que maltratasen y martirizasen urbanísticamente el lugar, ya se conocía como plaza Lesseps.

En Argentona hay una urbanización cuyas calles, todas, están bautizadas con nombres de escritores. El responsable de ello, el tenaz estudioso Llorenç Soldevila, se afanó para que fuera así. Da gloria pasar de Rodoreda a Pla y girar por Espriu para ir a encontrarse con Verdaguer. (Cuando llegue a Verdaguer, la tercera casa: no tiene pérdida; sí, sí, antes de llegar a Miquel Llor.) En la Villa Olímpica de Barcelona hay también un buen número de calles nuevas con nombres de escritores. Cuidemos la memoria de nuestros escritores, porque crean y alimentan nuestro imaginario. Pertenecer a una comunidad lingüística que cuenta en su patrimonio literario y moral con novelas contemporáneas como *Canto rodado*, *La mula vella*, *Ventada de morts*, *Los colores del agua* o *Camino de sirga* me llena de orgullo.

Ya sé que no es lo mismo, pero no puedo dejar de decir que en Terrassa hay un café, creo que ya son dos locales, que se llama Les Lletres y que sirve bocadillos con nombres de escritores. El primero de los locales se estrenó en el Passeig de les Lletres, que es un paseo nuevo, aireado, que se ha abierto entre los solares de dos antiguos «vapores» (uno de los cuales me inspiró *La telaraña*) y que se llama así porque allí, en el solar de Torredemer, se ha construido la Biblioteca Central de Terrassa. Si Sunset Bulevard es lo que es y la gente se emboba mirando las estrellas, a quiénes están dedicadas e historias parecidas, me parece bien que se recuerde con una cierta despreocupación a los grandes nombres de la literatura, un patrimonio propio absolutamente exportable al resto del mundo. Y más en un café que está al lado del Instituto Montserrat Roig. Que la Roig dé nombre, además, a un bocadillo crujiente, o que Foix sea un poeta inolvidable, pero también un bocadillo de queso con anchoas, me parece formidable. En cambio, Gabriel Aresti escribió un día:

> Jainkoak eztezala nahi Bilboko karrika bati
> nire izenik eman diezaiotela.
> (Eztut nahi bizargile hordi batek esan dezala:
> 'Ni Arestin bizi naiz, anaiaren
> koinata nagusiarekin. Badakizu. Maingua'.)

No quiera Dios que pongan mi nombre a una calle de Bilbao. / (No quiero que un barbero borracho pueda decir: / Yo vivo en Aresti con la cuñada / vieja de mi hermano. Ya sabes. Con la coja.)

Seguro que los hay que anhelan que les dediquen una calle; oye, tiene su gracia. Aresti se adelantó a la posibilidad y dejó por escrito que no lo quería. El pobre Gabriel Aresti tiene hoy una porrada de calles a su nombre en el País Vasco y me parece requetebién. Aunque sea muy probable que en alguna de las muchas calles Aresti viva algún barbero borracho.

Esto que he escrito, que es levantar castillos en el aire, lo reconozco, es rendir homenaje al valor de los nombres. No se trata de una manía de escritor sino de ciudadano. En las tumbas se suelen grabar los nombres de los difuntos; en los memoriales, el mejor homenaje que puede hacerse es grabar los nombres de los protagonistas. En los actos de recuerdo de barbaries, por ejemplo en la ceremonia en memoria de los muertos del atentado a las torres gemelas de Nueva York, el plato fuerte es la lectura de los nombres de las víctimas, aunque pueda llevar horas. Decir su nombre es una manera de hacerlos vivir durante unos instantes mediante el poder de la palabra. Por eso, en *Las voces del Pamano*, como dedicatoria de la primera parte cité un verso de un poema de Joan Vinyoli del libro *Tot és ara i res*. Reproduzco su comienzo:

> BEMPFLINGEN, MATINADA
> Mathilde, Bernhard, Barbara:
> noms ajaguts coberts de flors.
> Comença al Glockenturm la clara festa
> de les campanes.
>
> Es va fent de dia,
> blau llosc, primer, i a poc a poc. Pertot,
> silenci d'herba saturada.
>
> (...)[3]

3. «BEMPFLINGEN, AMANECER // Mathilde, Bernhard, Barbara: / nombres que yacen cubiertos de flores. / Co-

Me había gustado tanto ese «noms ajaguts coberts de flors», referido a las lápidas del cementerio de Bempflingen, que durante un tiempo le daba vueltas a la posibilidad de que ese verso acabara proporcionándome el título de la novela, sobre todo teniendo en cuenta la presencia visual de las lápidas al final de cada parte. Me contenté con bautizar una de las partes como «Nombres por los suelos» y con poner el verso como epígrafe de otra de las partes.

Ahora no sé qué estoy haciendo, hablando tanto de *Las voces del Pamano*. Es cierto que después del esfuerzo que me supone hacer una novela, he adquirido la costumbre de escribir después un texto de reflexión que me ayude a llevar un luto razonable, que me sirva para alejarme sin excesivos traumas de la novela y de los personajes con los que he convivido durante muchos años. Y, claro, he empezado por hacer referencia a *Yo confieso*, pero la novela anterior también ha querido meter la nariz aquí, y aquí la tenemos. Poca broma: las dos novelas mencionadas me han ocupado, casi sin solución de continuidad, no menos de quince años. Lo digo sin ánimo de queja, porque estos quince años de incertidumbres y de profundas alegrías, de desorientaciones, descubrimientos, sorpresas y decepciones, también me han servido para eso que valoro tanto, que no es redactar una novela, sino conseguir que durante unos años de mi vida en evolución,

---

mienza en el *Glockenturm* la clara fiesta / de las campanas. / Se va haciendo de día, / azul cegato al principio, y despacito. Por doquiera / silencio de hierba saturada. / (...)» Del libro «Todo es ahora, y nada también», traducción inédita de Orlando Guillén. *(N. del T.)*

la novela crezca y madure *conmigo*. Me imagino que sería incapaz de eso que hacen muchos colegas de encerrarse unos meses para redactar la novela que llevan en la cabeza o en esquemas bien trabados; meses de trabajo que deben de ser intensísimos y llenos de gratificaciones. Yo prefiero llevarme la novela, deshilachada y sin forma, al tren, al metro, de compras, o pensar en ella cuando friego los platos, o cuando voy por la calle o, ¡ay!, en alguna conferencia muy aburrida. Y noto cómo va creciendo a medida que ella y yo vamos viviendo. La hago solo, claro, pero en el ambiente de casa, con las interferencias familiares lógicas y con los hombres de Porlock que la vida nos hace inevitables. Solo y escribiendo siempre en papel, mañana o tarde, o descubriendo, en instantes de reflexión lejos de casa, secretos impensables que tengo que trasladar al papel enseguida. Porque escribir es como respirar y el texto crece conmigo y con mis descubrimientos y mis desorientaciones vitales.

He leído, en un texto precioso de Josep M. Nadal,[4] que no hay nada que nos vincule tanto a los muertos como la lengua. Es aquella idea muy relacionada con la muerte de las personas, pero también de las lenguas, y que expresa con palabras de Rachel Ertel referidas al yiddish, un idioma que ahora, en estos momentos en que escribo y en que el lector me está

4. «*I si escric* llengua*, veus?/el dolor em trenca l'ànima.*» *Per què vivim les llengües amb tanta passió?* [«Y si escribo *lengua*, ¿ves? / el dolor me rompe el alma.» ¿Por qué vivimos las lenguas con tanta pasión?] IEC, Barcelona 2012. Es justo decir que este título toma prestados unos versos del poema 'Quatre paraules' de Narcís Comadira.

leyendo, se está muriendo: «Elle ne peut pas ne pas avoir été... Aujourd'hui ce n'est donc pas le yiddish qui se transmet. C'est son absence. Et cette absence est héréditaire».

La literatura me ha llevado a pensar en los muertos, y los nombres tendidos, los nombres de los muertos, me devuelven a la literatura. Los nombres son palabras y, si bien con las palabras empezamos a tener mundos, para tener historias, como dice Nadal en el texto antes citado, nos hace falta la sintaxis. Y con la muerte de una lengua también mueren las historias que se han compuesto en ella. Pienso en eso, y he querido señalar la situación del yiddish porque hace poco he leído una novela larguísima, según como demasiado estirada, excesiva, pero que tiene la virtud de ser la expresión literaria del mundo de los cuadros de Marc Chagall; un mundo (expresado en una lengua) de los judíos de Europa central, que ha desaparecido como resultado del Holocausto o como consecuencia de la dispersión y la emigración de los supervivientes. La novela, *La familia Máshber*, está escrita en yiddish por Der Níster (que significa «El oculto»), seudónimo del escritor ucraniano Pinjas Kahanovich, primero víctima del nazismo, y después del estalinismo.

Esta novela, escrita en los años treinta del siglo XX, en que aparece, como si fuera una profecía, el fantasma de la crisis financiera y moral que hoy domina el mundo occidental, me ha dejado un regusto agridulce porque, para mí, no está narrativamente bien resuelta, y, pese a ello, desprende una fuerza testimonial que ha hecho que me rinda como lector.

En la elaboración de *Yo confieso* han predominado las incertidumbres. Paradójicamente, es a partir de la duda, de la niebla en medio del camino, cuando me siento impelido a explorar el mundo que tengo delante, posiblemente porque quiero descubrir el intríngulis de tanto misterio. En algún lugar he dicho que la novela que aún no he escrito ya se encuentra en la página en blanco. Mi trabajo es desenmascararla; si lo hago con un planteamiento racional de buscar un mundo y después escribirlo, o bien confío en la intuición y me tiro a la piscina sin haber comprobado si había agua, es anecdótico. Lo que cuenta es querer hallarme cara a cara con el enigma. Hace un rato que me estoy dando cuenta de que me expreso de una manera que no quiere decir gran cosa: enigma, piscina, desenmascarar... Tal vez la clave se encuentra en la palabra *misterio*. El misterio de la creación. Muchas veces la niebla se disipa cuando escribes cosas que aunque no sabes si servirán de algo, son posibles retazos de mundo, gestos, actitudes, anécdotas previas a un argumento con rasgos definidos... Y ocho años después tienes muchas páginas escritas, con muchos personajes con rasgos definidos, con líneas argumentales de las que te has enamorado y... la terrible presencia de la incertidumbre. Lo he dicho alguna vez y no me han creído nunca, pero cuando les di la novela a los lectores que me la tenían que destrozar o defender, no sabía si les daba un montón de papeles sin sentido o una novela trabada. Me parece que no exagero si digo que mi impresión era esta última. La única seguridad que tenía era que, día a día, durante muchos años, disponía de razones parciales, provisionales, para seguir escarbando y escribiendo y dando vida a nuevos personajes, pero no sabía si todo ello, en conjunto, estallaría en una nada aterradora en cuanto le echara un vistazo global. Hoy puedo decir que la novela trata de un violín. Sí, pero este violín tardó tres o cuatro años en aparecer en mis papeles. La novela también es una reflexión sobre la civilización occidental y sobre Europa; de eso me iba dando cuenta día a día. Pero era también una novela sobre la amistad. Y una novela sobre el amor y la incomunicación. Y una novela sobre el ansia de saber. No obstante, nunca tuve la visión previa de que quería escribir sobre todo eso, sino que escribiendo descubría historias que tomaban un sentido u otro con una reflexión posterior. No sé si me estoy explicando bien; porque incluso en el gesto tan aparentemente sencillo de ponerle el punto final a la historia o, si se prefiere, a la novela, también me encontré con dificultades que no han dejado de inquietarme. En realidad, en el momento en que, después de muchas relecturas, me pregunto si ya puedo darla por buena, siempre he sentido este desasosiego. Desde *Fray Junoy o la agonía de los sonidos* me declaro incapaz de dar por acabada una novela; lo que pasa es que no lo había verbalizado nunca hasta entonces y ese desasosiego no me dejaba vivir, ya que intuía que era el momento de tomar decisiones sobre un material imperfecto y dolorosamente inacabado. Por ello esa vez me decidí a decirlo en voz alta y me inventé un colofón cuya primera frase es: «Di por definitivamente inacabada esta novela el 27 de enero de 2011...». Confesarlo en voz alta me ha ahorrado disgustos. Y he aprendido un par de cosas: una ya la he dicho: si ocho años antes no sabía a dónde debía ir, no tenía nada de raro que después no supiera si había llegado a algún lugar. No tenía previsto ningún lugar; no sé si he llegado a alguna parte; no sé si era esto. Y la otra es darme cuenta de que no puedo retocarlo más, o, aún mejor, de que no puedo intervenir más, porque todo lo que hago sólo empeora el conjunto. Por lo tanto, por precaución, vale más no menearlo. Señal de que debes alejarte.

Pero es que hay más cosas: como lector he vivido, menos a menudo de lo que me gustaría, la desazón que me provoca finalizar la lectura de un libro que me ha seducido. Cierro el libro en silencio, dejo que se escurran las últimas vivencias inducidas por las escenas finales, por las palabras dichas, por la atmósfera que me ha acompañado durante unos días o tal vez unas semanas. Y me noto intranquilo, porque a partir de ese instante ya no conviviré con unos personajes con los que he gozado de una extraña intimidad, porque eran tan míos como mis pensamientos. A menudo quiero paliarlo con una nueva lectura, pero sé, sin que sea culpa suya, que ese nuevo libro no tapa agujero alguno, y la añoranza fluye con la misma intensidad que antes; y aún diría más: entre lectura y lectura es necesario un espacio, un margen de tiempo para que lo que te ha enriquecido se integre en tu vida y no se mezcle con otros estímulos. El tiempo diluye, dicen, los efectos de los afectos, y piensas que nuevas lecturas ayudarán a curar la sensación de lector desvalido atrapado por una lectura que ha sido especial. Seguramente porque hemos trabado amistad con los personajes. Cuando era un lector incipiente, los enamoramientos eran frecuentes. A medida que vas sentando cabeza, también te vuelves más exigente y cuesta más que aparezca esta sensación. Pero no puedo evitar, como muchos de los que leéis estas líneas, recordarme a mí mismo como lector cuando era pequeño, viajando con Jules Verne, Emilio Salgari, Zane Grey o Karl May, por mares procelosos, desiertos sedientos o praderas infinitas, tumbado en la cama o mal sentado en cualquier rincón mientras, con mis hermanos, también con un libro en la mano, dejábamos que pasara la tarde del domingo.

¿Cómo es que la lectura tiene este poder? ¿Cómo es que la literatura tiene este poder sobre el lector? Mirad lo que leí hace poco, escrito por el novelista (y lector) Josep Maria Morreres:

> Anna Karenina baila con el conde Vronski. Sólo bailan. No hacen ni se dicen nada que no se pueda hacer o decir ante la buena sociedad moscovita, pero algo pasa. Ellos lo saben; el lector lo sabe. Esta es la magia de la vida, esta es la magia de la literatura.

¡Pues claro que la literatura transforma! Está claro que los personajes, construidos con palabras, gozan de una existencia propia que afecta al texto y a la historia en que se insieren, pero también al lector que los hace suyos. Y que afectan, asimismo, al escritor que los ha creado. Hay pasajes de algunas de mis novelas que he escrito a regañadientes, sabiendo que *hacía sufrir* a un personaje que no tenía ninguna culpa de haber caído en mis manos. E incluso, a veces, habiendo acabado una escena intensa, he tenido que dejar de trabajar y tomar el aire porque lo que había escrito me había afectado mucho. Además, como escritor, sufro en carne propia (más intensamente que como lector) el vacío de la ausencia de los personajes y de las historias con las que he convivido durante años pero que ahora, ley de vida, desaparecen de mi mesa. He tenido que aprender a cargar con el duelo de esta ausencia que se produce a partir del momento en que le entregas el texto al editor. Vivo este duelo de una forma tan profunda, que *alejar* a los personajes de mi vida cotidiana llega a tener consecuencias físicas, como por ejemplo unos desmayos espectaculares e incómodos en la mayoría de los casos. Llego a somatizar la ausencia de los personajes, de su mundo y sus ambientes. Seguramente también por eso en esta última novela he explicitado que no está acabada (¿y por tanto no toca desmayarse?), una manera como otra cualquiera de engañar a los propios sentimientos. A pesar de mis esfuerzos, no lo he logrado.

He hablado de desasosiegos, de sensaciones indecibles, de las dudas que me han acompañado siempre. Pero casi no he dicho nada de la alegría de escribir. Me parece que esa es la gran razón por la cual, a pesar de la oscuridad o de los numerosos momentos de esterilidad, no lo arrojo todo por la borda. Escribir es un placer. Escribir quiere decir hilar palabras con palabras y convertirlas, con la ayuda que ofrece la complejidad de la sintaxis, en mundos. Es hacerles decir a los personajes pensamientos que me hacen reflexionar y que, por tanto, ni yo mismo sé a dónde los llevarán. Y escribo, lo leo en voz alta, busco su música interior, descubro una pequeña sorpresa estilística que quizá tendrá consecuencias mucho más allá; que quizá tendrá un valor significativo en la historia; o quizá no. Además, el placer de escribir está íntimamente relacionado con el placer de narrar, más atávico que el de escribir, y que formaba parte de la cultura humana ya en el Paleolítico. O sea, que sigo escribiendo porque, en el fondo, si me he metido en esta actividad tan llena de incertidumbres, es porque no sé renunciar al placer de la escritura. Y porque no sé renunciar a la posibilidad remota pero tan humana de descubrir algún secreto de la vida sólo armado con la linterna del lenguaje, siendo bien consciente de aquello que dijo Montaigne: «La palabra es la mitad del que habla y la mitad del que la escucha», y, por lo tanto, medio de quien la escribe y medio de quien la lee.

Unas páginas antes me he referido a los nombres, que son palabras que señalan a personas. Puesto que, para hacerlo, he necesitado consultar los versos de Vinyoli que no recordaba de memoria, he tenido su poesía cerca y no he podido evitar pasarme un largo rato revisitando sus poemas. Y he hallado esta joya que no recordaba (pertenece a *Les hores retrobades*) y que se aviene con las reflexiones sobre las palabras y con este anhelo que acabo de expresar de descubrir algún secreto de la vida mediante la escritura. Y, además, es una preciosa definición de la poesía, del poder de la palabra libre en el poema, que es capaz de decirlo todo sólo con doce palabras, no con mil páginas. Una definición intuitiva y poética, en absoluto académica, de la poesía, aunque no lo diga en ninguna parte. Y, sobre todo, un poema redondo.

LA PARAULA
Com una font, a voltes, la paraula
diu els secrets del món.[5]

Me imagino el agua que mana por el caño, contando con su melodía los descubrimientos que ha hecho en las entrañas de la tierra y revelándolos a quien tenga la capacidad de oírla...

5. «LA PALABRA // Como una fuente, a veces, la palabra / dice los secretos del mundo.» *(N. del T.)*

2

El placer de narrar

Para mí, la novela, y por extensión la literatura, no
es la representación ni la imitación de la realidad,
sino la creación en el texto, con los medios propios
de este arte, de una realidad nueva con capacidad de
conturbar y conmover al lector. La batalla se gana si
el texto se convierte en imprescindible para el lector,
si a este le da la impresión de que ese texto se le dirige
personalmente, como si hubiera sido escrito pensando en él; si el lector vive el sentimiento de que en un
momento u otro tenía que leer precisamente ese libro que no sabía que existía pero que se encontró en
las manos un buen día... Así de sencillo y así de com-
plicado. Está claro que lo que acabo de afirmar lo he
llenado de literatura para poder explicarme. Y puede ser que a lo largo de estas páginas matice o incluso
reniegue de esta definición que acabo de escribir; sobre todo de la definición, más que de las sensaciones
de que la he acompañado. No soy teórico de la literatura y hablo a partir de mi experiencia como novelista. Pero soy lector y conozco las sensaciones que vivo
cuando encuentro un gran texto (¡y eso sucede muy
poco!). Además, la literatura es muchas otras cosas.

Contar historias es también masticar con fruición frases como «Todo comenzó el día que...», o «Había una vez...», o cualquier otra fórmula que llame la atención del oyente o del lector, además de poner en situación el narrador.

Esto de contar historias va más allá de ser una cuestión divertida. Es una actividad más profunda e íntima en la que tiene mucho que ver la satisfacción de crear un mundo y de inventar las leyes de su funcionamiento. Cuando escribes un relato, tú mismo impones las condiciones, e incluso, en las tres o cuatro primeras líneas, avisas al lector de cuáles son. Si empiezas un relato diciendo: «Cuando pagó la gasolina en la estación de servicio cercana a la salida de Tortosa, faltaban seis horas para que lo mataran frente al monasterio de Ripoll», estás diciendo muchas cosas y dando a entender muchas más. Por ejemplo, he escrito «faltaban seis horas para que lo mataran frente al monasterio de Ripoll», y no «faltaban seis horas para que muriese (o encontrara la muerte) frente al monasterio de Ripoll». La elección del verbo *matar* y no *morir* me sitúa la historia en la franja del color negro. La palabra *morir* me deja tiempo para pensar si muere o lo matan. En este caso, en que avanzo en la historia improvisando, podría irme bien; pero he decidido que lo maten, y como me gusta así, así lo dejo y asumo sus consecuencias narrativas. El caso es que ninguna palabra es inocua en una frase. El caso es que quieres que lo que has escrito obligue al lector a proseguir la lectura. ¿De qué hablamos? ¿Quién lo matará? ¿Cómo morirá? ¿Por qué? ¿Por qué está tan lejos del lugar en que han de matarlo? ¿Qué pasará durante esas seis horas? Son tantas las preguntas, que el lector no tiene más remedio que seguir leyendo. El placer de narrar no se puede desligar del placer de escribir y de leer; pero ante este inicio de relato que acabo de inventarme, no quiero seguir escribiendo, sino ir contestándome las diversas preguntas —y otras que irán apareciendo a medida que avance en el camino a Ripoll—. Es el placer de hacer el viaje con un «él» o una «ella» de quien todavía no conozco su nombre. Pido disculpas: no es «ella», es «él», ya que he dicho «faltaban seis horas para que *lo* mataran frente al monasterio de Ripoll». Además, he decidido desvelar lo que pasará. He subrayado el destino fatal del personaje, que se nos convierte, con estas pocas palabras, en un personaje de tragedia. Que sea o no un héroe, aún está por ver.

Mientras avanzo en el texto ya he decidido que «él» se llama Gustau, que tiene cuarenta y cinco años y que conduce una *chopper* extrañísima. «Lleva tatuadas en el dorso de la mano las palabras *auidus Cognoscere amantem* y dentro del casco de motorista esconde una cabellera que comienza a clarear en tonos grises y recogida en una coleta; toda la pinta de un viejo roquero. Arranca el motor de la *chopper*, que emite un ruido inquietante, y se distrae examinando minuciosamente a esa mujer alta, rubia y esbelta que pasa por delante meneando el trasero. Ya sabe que lo menea para que él la observe, pero le da igual; se fija en cómo sube a un descapotable extraño, de color dorado. La *chopper* sale del área y entra en la autopista en dirección norte, con vehemencia, en busca de la parca que lo espera impaciente. Que, entre una cosa y otra, sólo le faltan cinco horas y media para morir y la pelota todavía está en el tejado.»

Sin saber lo que hacía, he introducido un detalle que no sé si me servirá luego, que no sé si será clave para resolver el conflicto y arrojar luz sobre la parte del enigma, o tendré que eliminar del conjunto porque habrá acabado siendo sólo un estorbo; se trata de ese *auidus Cognoscere amantem* tatuado en el dorso de la mano derecha. (Que sea la derecha acabo de decidirlo ahora mismo.) ¿La amante es la muerte? El placer de narrar consiste en dejarse llevar por estas posibilidades que han aparecido en el momento de escribirlas y que yo no preveía. Además de que este texto tatuado en la mano derecha me da muchas ideas referenciales, cultas, sobre las razones de la actuación de los personajes, si es que las necesito. Lo que no sé si me conducirá a alguna parte es este juego de poner en mayúscula la palabra del medio. De momento, no renuncio a ello.

En Tortosa hace frío. Y Ripoll queda todavía muy lejos, pero aunque al personaje le queden cinco horas largas de vida, yo dispongo de todo el tiempo del mundo, porque nadie me dice cuándo debo tener acabado el relato. Se me ocurre una posibilidad que no deja de ser lógica narrativamente: la mujer alta, rubia y esbelta es la futura asesina. Está siguiendo a su víctima. ¿Le doy esta información al lector? Venga: «El chófer del descapotable arranca el motor mientras la mujer esbelta se sienta a su lado y señala con la cabeza la *chopper* que se aleja.

»—Ha llenado el depósito hasta las cejas —dice—; y ha comprado el periódico.

»—¿Ha hecho alguna llamada?

»—No.

»—Tiene una buena vejiga.

»—¿Por qué lo dices?

»—Coño, desde Valencia hasta aquí, y no aprovecha para cambiarle el agua al canario.

»—¿Qué? —Tono de regaño de la mujer—: ¿Dejas que se escape?

»Él baja la capota del coche y arranca, la mira de reojo un poco picado y masculla agárrate fuerte a las gafas, que volaremos bajo. Ella, como si no hubiera captado que el otro se ha cabreado, le dice ponme el *Réquiem* de Fauré, chato.»

No es que haya dicho explícitamente que la mujer es la asesina: sólo lo he sugerido. Ahora, según cómo lo miremos, el lector puede pensar: pues qué gracia, ya sé que lo matan y ya sé quién lo hace. No me dejan nada para el final, si ya sé el final de la historia. Puede ser que se lo pregunte: pero el narrador sabe —y yo también— que de la misma forma que él está enganchado al relato que está construyendo sin saber por dónde irá, el lector lo está tanto como él porque ha resuelto dos interrogantes, cierto, pero quizá la historia no es *quién* ni *qué,* sino *por qué*, y de eso no tiene ni idea.

De hecho, se le han abierto una docena más de interrogantes: ¿quién es ella? ¿Por qué lo hace? ¿Quién es el chófer del descapotable? ¿Cómo atraparán a una *chopper* lanzada a toda leche por la autopista y no la perderán de vista? ¿Quizá porque saben que va a Ripoll? Eso está bien, porque, entonces, daré a entender que sí, que les conviene tenerlo muerto en Ripoll; pero que la manera más cómoda, segura y barata de trasladar un cadáver es hacerlo ir, todavía vivo, adonde te conviene; y encima, que el futuro cadáver se pague la gasolina.

Con todo esto, sólo hemos inaugurado un mundo con una línea argumental. Ahora hemos de conseguir que crezca en densidad humana para entender, si es que hace falta, a la mujer rubia y a Gustau. Por cómo hemos empezado a contar el relato, el protagonista es él; en cambio, si nos encontráramos en una novela, esto no estaría tan claro. Las posibilidades son tantas que se me ha echado encima mucho trabajo. Tengo muchos interrogantes por resolver. Pero se da el caso de que estoy haciendo un relato breve y, por tanto, no tengo espacio suficiente (cuestión de proporciones), para «hacer crecer en densidad humana» a los personajes. Tendré que espabilarme. Decido hacer un corte y mirarlo de otra forma. Pensar en un relato es sinónimo de pensar en un libro, porque el soporte material de cualquier texto, hasta hoy, ha sido el libro y lo continuará siendo; la aparición del libro electrónico lo único que hace es cambiar la materialidad del soporte del texto. Antes, hace mucho tiempo, o si pensamos en cierto nivel de lectores, sobre todo en los niños, la oralidad había sido el soporte etéreo, abstracto, de cualquier relato. Pero hoy es el libro, nuestro aliado, estorbo para muchos y enemigo para unos cuantos.

La sociedad occidental está masacrando la cultura escrita. En parte, pero no sólo, a causa del crecimiento del prestigio de lo audiovisual. Pero existe una razón más profunda que no se basa en echarle la culpa de todo a la televisión. Es una crisis de valores. Crisis del valor del esfuerzo, del valor de la ganancia no inmediata sino preparada con paciencia. Crisis del valor que no se ve ni se toca, sino que se imagina. La llamaría crisis de la interioridad. Si estamos en el siglo del diseño, de la apariencia, de la moda, del culto a lo externo; si estamos en el siglo de la forma como contenido, es difícil hablar de contenidos que se basan en la forma pero que contienen y son contenido a la vez. Demasiado difícil. La sociedad occidental se está volviendo Homer Simpson, y esto es francamente preocupante.

Si digo: «En el quiasmo, la Cruz está más cerca que en la temática de la Cruz»,[6] quizá habrá quienes me retiren su amistad por decir cosas tan raras; pero en esta frase veo al anti Homer Simpson. El poeta le da tanta importancia al rasgo estilístico, que lo convierte en significado, en verdad. Me referiré a ello...

¿En qué radica el prestigio? ¿Cuáles son los modelos para los jóvenes? El joven que tiene como ídolo a un pintor o a una pensadora es minoritario. Alguien se reirá, incluso, de esta reflexión: «¿Cómo pretendes que un pensador sea el ídolo de un joven, pazguato?». Pues es precisamente de esto de lo que hablo. Europa se queda sin lectores; esta aseveración es cierta y no es exacta: hay millones de lectores. Pero deberíamos tener muchos millones más que no los

6. Paul Celan. Nota del autor según afirma Arnau Pons en los comentarios de los poemas de *De llindar en llindar* [«De umbral en umbral»], de Paul Celan. (Labreu Edicions, Barcelona, 2012. Traducción de Arnau Pons.)

conseguimos ganar para la lectura. Cuando Joan Margarit dice «La libertad es una librería», ¿cuántas personas se pararán a reflexionar a partir de este endecasílabo impecable? ¿Qué es la lectura sino un gesto de apertura de tu mente a quien está dispuesto a decirte algo? Amos Oz afirma, con palabras más bellas, que si viajas verás paisajes, casas, museos y calles; y la gente del país que visitas. Pero que si lees una novela de ese país penetras en su mundo interior, entras en las casas que el turista ve por fuera e incluso te metes en el interior de las personas y conoces sus temores y sus anhelos. Viajar te puede hacer más abierto. La lectura es el viaje más poderoso; el viaje que puede ahorrarte incomprensiones, conflictos, aprensiones y guerras.

Debemos temer al lector de un solo libro, porque lo convierte en el único vehículo para decir la Verdad y convierte esta Verdad dicha en el libro en la única obligación del pensamiento. El lector de un solo libro es temible. Pero también hay que temer al que desprecia el libro, cualquier libro, por el hecho de ser un libro. La bestia quema los libros, cierra repetidores de televisión o emisoras enteras, ordena y censura y nos dice lo que podemos ver y leer y lo que no. Esta bestia ha existido siempre. Ha llevado coraza, lanza en la mano, báculo, turbante..., todo depende de la época: ahora lleva también americana y corbata. La bestia existe ahora. Y le gusta la sociedad que sólo se preocupa de ir al gimnasio y de trabajar para comprarse un Ferrari. Es una sociedad que no inquieta. En cambio, la sociedad que lee, piensa; y si piensa, opina. Y eso siempre incomoda.

En este ámbito de reflexión pienso ahora en el presente y el futuro de los estudios humanísticos. Hoy son pocos los estudiantes que se animan a hacer estudios de filología (lenguas y literaturas), estudios de historia o geografía, de filosofía, de arte y de musicología... Es natural que cada época marque unas preferencias y unas modas. Hay estudios que siempre tienen clientela, como Medicina o Derecho. Otros que van por épocas. Y nacen otros nuevos, como es deseable. Hoy es el momento del periodismo, audiovisuales, empresariales, económicas... Ahora les toca pagar el pato a las humanidades, y también a los ciudadanos, si tenemos en cuenta la talla intelectual de un ministro que afirmó que la carrera de ingeniería informática ya no tiene sentido puesto que todo el mundo ha aprendido a utilizar el ordenador. Le haría falta un poco de latín, a ese ministro. Pero lo que decíamos: ahora les toca pagar el pato a las humanidades. Estoy convencido (sin ningún argumento) de que la situación es transitoria. El estudiante de una carrera humanística, hoy, es un privilegiado. Estudia unas determinadas materias porque las quiere estudiar, y no porque le abran un futuro esperanzador de cobrar mucho cuando acabe la carrera; estudia cosas que le gustan o que, por lo menos, le despiertan la curiosidad. Y las puede estudiar en unas facultades no masificadas, con medios, con un profesorado que no está aturdido por la profusión de gente. Estudia unas materias que le abren el espíritu y que lo mantienen despierto. Sus estudios lo incitan a la lectura, al espacio de libertad que es un libro.

Cualquiera que sea la materia de estudio que escoja el que quiere ingresar en la universidad, sean estudios masificados o no, se hagan en universidades con más o menos prestigio, este futuro estudiante sabe que siempre tiene la biblioteca y la librería cerca para conquistar sus espacios propios de libertad; empezando por el libro que elige y siguiendo por el acto personal de leer, que es el viaje hacia la comprensión. ¡Lo importante que es el libro! ¡Lo importante que es el escritor, el que nos ofrece el libro!

Si se percibe un tono triste en estos últimos párrafos, es en memoria de Giordano Bruno. Cuando escribía estas líneas por primera vez, en un artículo del que ahora rescato argumentos, hacía exactamente cuatrocientos ocho años que lo habían quemado en la hoguera porque era libre, porque creía en el pensamiento libre. Me ha parecido pertinente mantener este recuerdo, porque la libertad no es una hoguera ni una bomba alrededor de la cintura: la libertad es una librería.

Algún lector puede pensar que escribir «la libertad no es una hoguera ni una bomba» no es más que hacer literatura; o levantar castillos en el aire; cuando lo escribía, antes de añadirle un más actual «alrededor de la cintura» y de cambiarle el contexto, estaba pensando en Joan Fuster. Estuve en Sueca hace poco y mis amigos de allí me llevaron a la casa de Fuster, con ese impresionante archivo que alberga. Joan Fuster fue víctima de más de un atentado con bomba en su casa, hará unos veinte o treinta años. Porque leía, escribía y hablaba del País Valenciano con entusiasmo y desde una perspectiva moderna y... catalanista, que no era del agrado de los recalcitrantes; como la Llibreria Tres i Quatre de la ciudad de Valencia, que tiene también el pesado honor de haber sido visitada por las bombas de la intolerancia. O sea, que no hablo por hablar y todavía conviene decirnos, y creérnoslo, que la libertad es una librería. La libertad es poder leer, poder pensar, poder decir en voz alta, poder decidir habiendo aprendido a reflexionar... En definitiva, nos hace más personas. Y la lectura se convierte en nuestro gran aliado y nos ayuda a aprender a valorar el silencio.

El valor del silencio en el cine, por ejemplo, hemos tenido que captarlo precisamente, como le he leído a Manel Cuyàs, no en la época del cine mudo, en que podíamos tener un silencio sólo roto por el mecanismo del proyector o, eventualmente, por los esfuerzos del pianista, sino después: el silencio lo inventó el cine sonoro. Las escenas en que los personajes están callados pero se explican mediante su expresión, o mediante el movimiento de la cámara, o el encuadre, o el montaje... Por eso hablo a menudo (y me repito) de la importancia del silencio en cualquier arte. Incluso en la música, que es el arte de los sonidos, el silencio es importante, esencial, por su valor expresivo. En narrativa, los personajes mueren muchas veces por la boca, como los peces, por hablar demasiado. Ahora bien, cuando «sientes», como lector, el silencio de los personajes, es que el texto está bien escrito y tú has sabido penetrar en él.

Hasta puede ser que, cuando termines la lectura del libro, te quedes callado, quieto y con los ojos perdidos durante un buen rato, con ganas de aplaudir o de agachar la cabeza, rendido. Y, después, echarás de menos durante mucho tiempo los días pasados *en* aquel texto que es un mundo entero y total. ¡Ojalá nos pasara eso en todas las lecturas! Pero como lectores no pedimos tanto; mientras podamos vivirlo de vez en cuando, ya nos sentimos satisfechos.

He hablado mal de los defectos innegables de la cultura occidental. Pero si hemos avanzado en algo es en la capacidad de contar bien historias. La narrativa actual no puede desligarse del papel fundamental que ha supuesto el audiovisual; el cine, durante mucho tiempo, y la televisión en las últimas décadas. Se emiten historias formidablemente contadas y cuidadosamente bien ambientadas; tal vez con poca carga de reflexión, pero técnicamente impecables. Y en esto la industria norteamericana, pese a no ser la única, va por delante. Ver series bien contadas me ha ayudado a pensar y a aprender a contar (me paso la vida aprendiendo, como el primer día). Y este alud de narrativa también nos enseña a leer, a todos en general. Creo, a pesar de lo que digo, que no existe un privilegio mayor que abrir un libro y hacer uno mismo la lectura propia de una historia, porque estoy convencido de que una palabra vale más que mil imágenes.

3
De kiries y valquirias

Quien no es capaz de entrar en una biblioteca o en una librería no puede ni imaginarse que el arte, la literatura, siempre te hacen sobrepasar la realidad evidente y te hacen entrar en el mundo de verdad, el interesante, hecho de palabras dichas y no dichas pero presentes en el texto que leemos. Y que la literatura es siempre la evidencia de que tras él, como un espectro que persigue a la gente que sabe reflexionar, existe una sombra o una presencia, como me dijo un buen amigo, de cosas terribles. Para eso leemos: para huir del fantasma de la terribilidad; o, mejor dicho, para saber encararlo racionalmente, o por lo menos con elegancia. Nadie puede objetarnos que queramos huir de la aniquilación. El arte lleva a cabo lo que, en otros ámbitos más comunitarios, hace el mito; o lo que hacen las religiones. Arte y religión: ambos aseguran (o prometen imprudentemente, alguna vez) felicidad, o por lo menos alegría; y si no, consuelo. Los sacerdotes del arte, si no olvidan esta afirmación, te lo cuentan con la boca pequeña, porque ya ven que no está tan claro. Los sacerdotes de la religión te cuentan historias con mucha literatura y, además, te venden —es decir, te ponen condiciones arbitrarias— el billete hacia la salvación, cuyos obstáculos a menudo han inventado ellos mismos.

Podríamos decir, humildemente, que el arte es una herramienta para ayudarnos a afrontar nuestros temores, de la misma forma que la historia comunal, repetida durante generaciones, se acaba fijando en un mito en el que nos reflejamos. Los que lo vivimos creemos que las que nos protegen son la fuerza de Aquiles y la astucia de Ulises y, en cambio, se trata *sólo* de la fuerza y la astucia de la palabra. Y quien emplea palabras aladas (es decir, como flechas) es el poeta, que sabe que la palabra en tensión es más eficaz para llegar a los demás y para transformarlos, o, como mínimo, hacerles pensar. Por eso mismo, la censura es una de las grandes prioridades de cualquier dictadura.

La razón de ser del novelista no es reflejar la sociedad y la realidad. La razón de ser del novelista es construir el relato que está imaginando. Y por más que algún crítico predique que hay que hacer este o aquel tipo de novela, el novelista inteligente no escucha esas cosas, sino que se ausculta a sí mismo para saber qué quiere hacer su alma. Si después coincide con los anhelos del profeta o de la sociedad, adelante. Y si no, también: la literatura que perdura es la que ha surgido de la gratuidad del escritor; lo ha escrito porque él lo ha querido así. «...debeisme cuanto he escrito», dice Machado. El escritor escribe porque él lo quiere, no porque nadie se lo mande. No escribe porque tú quieras sus poemas, ni porque le guste —que le suele gustar— ser aclamado por los lectores, si es que los consigue; la razón suele ser mucho más cercana y es muy contundente: el escritor escribe porque, si no, se pondría malo; escribe porque no puede no hacerlo.

Tenemos la suerte de poder gozar, por ejemplo, de un cuadro de Viladecans no porque su obligación sea pintar, sino porque, por el hecho de que él lo quiere, se ha pasado horas sentado frente a la tela en blanco, pensando, levantándose, mirándola de lejos, o de cerca; observándola en momentos de distinta luz, saliendo del taller, volviendo a entrar con la loca esperanza de que un ángel o un demonio le hayan ofrecido el primer trazo sobre la tela, constatando que no, que la tela continúa intacta, y volviendo a rumiar, con esa angustia que es exclusiva del acto creativo y que supone no saber por dónde tirar, y que supone el hecho de que, cuando por fin te pones en marcha, no sabes si vas o no por el buen camino. Y el buen camino no es el que señala el profeta al que me refería anteriormente. El buen camino es aquel en que puedes decir que quizá sí, que me parece que era esto; o sí, creo que la cosa iba por aquí. Pero en el fondo no tienes la certeza de que, cuando hayas terminado, aquello esté acabado. Te quedas con una buena dosis de incómoda inseguridad encima. Si escribes, debes resignarte a esta evidencia: la obra completa de un escritor se compone de obras inacabadas.

Le pido disculpas a Joan-Pere Viladecans por haberlo usado como ejemplo, pero sé, porque hemos hablado de ello, que su proceso creativo es muy parecido al mío y, me imagino, similar al de la mayoría de los que se dedican a hacer arte, una actividad que requiere un itinerario casi imposible de racionalizar, lleno de epifanías inesperadas e inexplicables, a veces irracionales, pero contundentes. Y lleno de descubrimientos insólitos que cohesionan y dan sentido a elementos que deambulaban vacilantes, solitarios y un poco tristones por la tela, por el relato o por la sonata. Y todo ello rodeado de una terrible inseguridad que nos hace frágiles. Una vez acabada la obra, cuando la tela tiene ya un buen pedazo de tu alma, en lugar de decir ya está, ya lo he hecho, y dedicarte a otras cosas más lucrativas, sacas el cuadro del caballete en silencio, colocas una nueva tela en blanco, y el ansia de creación empieza de nuevo. ¿Os habéis fijado que Viladecans, como Picasso, vive con unos ojos físicamente muy abiertos? Esta gente se harta de mirar el mundo y lo mira de una forma distinta de como lo miramos los mortales. Y quizá tienen tres, cuatro o más telas empezadas, con trazos, intenciones, posibilidades, que luego remiran, observan de cerca y de lejos, descartan, vuelven a rescatar y, al final, con muchas horas de trabajo, acaban considerando obra acabada.

Tuve el privilegio de escribir una especie de prólogo al catálogo de una exposición del mencionado Viladecans sobre su interpretación de la Sinera de Espriu. Reproduzco precisamente algunas líneas porque lo que acabo de escribir me ha llevado hasta allí:

«En mi alma de escritor resuenan sus palabras de pintor: *Sinera, aún hoy, a poco que uno aguce el ojo, está lleno de personajes espriuanos.* El caso es que, en esta frase, nos regala una delicia estilística: convierte la expresión "aguzar el oído" en "aguzar el ojo", algo que yo no había oído decir nunca y que le sienta a la perfección. Viladecans aguza el ojo y ve a Esperanceta Trinquis, a Paulina, o a mi personaje preferido del cuento más bello del siglo XX, la ausente y estirada Teresa Vallalta, aquella que, entre otras cosas, bajaba las escaleras.»

El pintor, pendiente de la luz, de la nitidez, del contraste, mira de manera distinta, de la misma manera que el músico escucha la música con todo el cuerpo, y con todas sus consecuencias, sabiendo cada nota, valorando su interpretación, su lugar en la frase musical, el lugar de la frase en el conjunto de la pieza y el objetivo del conjunto. Podría ser que el escritor leyera de manera distinta a la del fontanero o el pescador de palangre. Yo no sé percibirlo.

Que antes haya relacionado arte y religión no es en vano. No es la primera vez que lo hago. Y no sé por qué insisto, a pesar de no haber quedado del todo satisfecho con el resultado. Existe una razón: ambas experiencias tratan de lo inefable y se mezclan con frecuencia. «S.D.G.», escribe a menudo en sus partituras Bach Nuestro Señor. Estas iniciales significan *soli Deo gloria*, porque él escribía la música, tanto la de uso litúrgico como la profana, a mayor gloria de Dios; es decir, con una intencionalidad personal claramente religiosa. Bach era un hombre religioso y devoto y no hacía distinciones a la hora de componer. Y nosotros, devotos o descreídos, podemos ser transportados por la fuerza inexplicable de su música. Como dice el poeta Jordi Cornudella, hablando precisamente de la interpretación del coro Monteverdi y los Solistas Barrocos Ingleses, dirigidos por Gardiner, de la Misa en si menor de Bach en el Auditori de Barcelona, *solae Musicae gloria*.

Ahora bien, el arte tiene una ventaja: podemos teorizar mucho, podemos hablar de la naturaleza del arte o de los efectos que produce en el individuo y en la sociedad; pero por encima de todas estas reflexiones está el cuadro, la sinfonía, el ballet o el poema, tangibles, legibles, audibles, incluso codificables. Y la experiencia del lector es cierta: él ha visto el edificio o la escultura; él ha leído el relato o ha escuchado el impromptu. Y, si conviene, puede repetir la experiencia, la puede contar o puede reclutar adeptos en la medida en que los demás también pueden participar de esa experiencia. Y el consumidor del arte es libre de leer, contemplar, emocionarse o prescindir de la obra de arte. No hay amenazas más allá del «tú te lo pierdes, chaval». Hablamos a menudo de «experiencia mística» para referirnos al arrebato provocado por la obra de arte; y cuando lo decimos hacemos literatura, porque es probable que nunca hayamos vivido experiencia mística alguna. Me da la sensación de que el arte, incluso en su vertiente más espiritual, que posee sin duda, deja al individuo en libertad, sin deberes sujetos a juicio.

Cualquier creyente que lea esto seguro que está disimulando una sonrisa. ¿Dónde dejas la fe, bobo?, debe de estar preguntándose. Porque en la experiencia religiosa existe un elemento distinto que es previo: la fe. Esto es la creencia religiosa: una creencia que supone un acto de voluntad de hacérsela suya en algún momento de la vida del individuo, por más que esta fe y esta cultura religiosa le hayan sido ofrecidas por parte del ambiente familiar o social en el cual ha crecido. Uno cree en Dios y, dependiendo de las circunstancias sociohistóricas, está dispuesto a practicar una serie de ritos, desde la plegaria individual a actos más sofisticados no exentos de la presencia auxiliadora del arte (por ejemplo, las pinturas en las iglesias, la misma arquitectura religiosa o la importancia objetiva de la música religiosa en la tradición occidental, que es la que conozco y que ya hemos citado). La religión, como el arte, apunta a la transcendencia. No todo es como lo vemos con los ojos: más allá de las apariencias hay vida, hay mundo. El poema dice más cosas que las palabras que lo componen: si te trastorna es porque tiene ese poder y tú posees la sensibilidad para notarlo. De acuerdo: *pero hay un poema*. La vida futura que te prometen la mayoría de religiones no es comprobable ni demostrable. La experiencia religiosa puede definirse como la relación del individuo con Dios (intangible, indemostrable, pero conceptualmente identificable), con el infinito, con lo inexplicable. La religión puede ser vista como un remedio de la civilización contra el miedo a lo que es desconocido e indemostrable; en cierta forma, es el mismo camino que sigue el arte y puede haber muchos momentos en la historia de la humanidad en que ambas disciplinas vayan del brazo. Desde mi agnosticismo podría decir que, por suerte, al arte siempre le quedará el poema.

Y aún querría hacer otra reflexión, en la línea de todas estas páginas de poner de relieve el fenómeno del estilo: hace poco, Edicions Proa, que es mi editorial desde hace treinta años, ha publicado la Bíblia Interconfessional en catalán, una edición que llama la atención y cuya lectura en diagonal me dio la oportunidad de hablar de ello con Josep Lluch, mi editor. Si comparo este texto con el de la Bíblia de Montserrat, algo que hice de manera sumaria y no muy académica, llego a la conclusión de que el lenguaje de la Interconfessional me parece más vivo y más ágil que el de la de Montserrat. Cuando vuelva a leer enteros algunos de los libros de la Biblia, ya sé que lo haré en la versión de la Interconfessional. Ahora bien: quien ha frecuentado la lectura de la versión de Montserrat como libro sagrado y revelado, se ha habituado a hablarle a Dios con esta versión. «Yo a Dios le hablo así», viene a decir. Y esto es innegociable; como si ahora le cambiasen a la fuerza el texto del Ave María o del Padrenuestro. Adonde quería ir a parar: en casos así, el estilo se convierte en una barrera o en un incentivo. El estilo, eso tan etéreo, marca los textos de manera indeleble porque *es el alma del texto*. Y los libros de la Biblia, en sus versiones originales o en una buena traducción, son monumentos que poseen la potencia narrativa reservada a los textos de los orígenes de los pueblos.

Durante los últimos meses de elaboración de *Yo confieso*, estuve escuchando de manera obsesiva la música de un CD[7] que contenía un misterio que no podía

7. Robert Schumann, Sonatas for piano and violin. Andreas Staier, Daniel Sepec. Harmonia Mundi, HMC 902048.

resolver. Me marcó a causa del poder que tiene el arte. Si yo hubiera sido un buen chico, me habría emocionado adecuadamente y habría pasado a otra cosa. Cuando me siento atrapado por el poder del arte, cuando me encuentro cerca de lo inefable, lo que suelo hacer es reconocerlo y rendirme. Sé que dejarme impregnar por estas sensaciones me hará más rico, más sensible, comprensivo y dialogante. Así es como lo veo. Pero a veces no me basta con la rendición, y en el caso que he citado quería descubrir el secreto de aquella música que, después, comprendí que también significaba descubrir el secreto de esa interpretación. La culpa era de Schumann, pero también de Staier y de Sepec. Poco tiempo después de escucharlo, «descubrí» que el violín con que Sepec interpretaba las sonatas de Schumann era un Storioni. Aunque me causó una inmensa alegría, porque gran parte del elemento argumental de la novela que estaba escribiendo (*Yo confieso*) se basaba en la vida y milagros de un Storioni, eso no resolvía el misterio, porque yo ya sabía que los Storioni, que no tienen la fama popular de los Stradivarius o de los Guarneri, suenan muy bien. Hablando con el músico Joan Grimalt acabé por comprender, aunque a medias, la extraña fuerza de aquella interpretación; Grimalt me lo explicó con palabras precisas: «Las dos cosas que sí que valoro mucho, en la interpretación, ya se encuentran en este CD: libertad agógica y saber murmurar, sobre todo en la música de cámara». Cuando me lo dijo fue una especie de revelación, ¡como una bofetada! La fuerza secreta de esta interpretación es, por un lado, la agógica; es decir, la libertad en la elección de una fluctuación del tempo más allá de las indicaciones de *rubato* marcadas por el compositor, si es que existen; y, por el otro, la capacidad de Staier y Sepec de susurrarnos al oído, creando ese estado real de saber que están tocando sólo para mí; y todavía más, que Schumann (en este caso) lo ha escrito pensando en mí y que Sepec y Staier me lo están murmurando al oído. Cuando un lector dice que ha leído un texto y ha llegado a pensar que ese texto estaba escrito para él, el autor, si lo supiera, se volvería loco de alegría, porque eso es lo que pretendemos encontrar como lectores y lo que pretendemos conseguir los que escribimos: queremos susurrar como el violín de Daniel Sepec.

4

Soledades infinitas

El placer de narrar historias es tan intenso hoy como hace mil años. Sólo es comparable, por intensidad y por antigüedad, al placer de escucharlas. Y ya que decimos a menudo, con admiración, que los griegos ya lo contaron todo hace tres mil años, enseguida nos preguntamos cómo puede ser que el placer de escuchar esté tan vivo si lo único que hacemos es repetirnos. No sé si lo conseguiré, pero intentaré reflexionar sobre esto a partir de un cuento de seis líneas:

«Oí el estampido airado de la puerta de la escalera de emergencia e, inmediatamente, el ruido de alguien que andaba por el pasillo hacia mi habitación. Reconocí los pasos irregulares de Aniol. Incluso percibí el peso de la pistola que blandía. Cerré el libro en que había sido incapaz de concentrarme, miré hacia la puerta con los ojos abiertos de par en par y empecé a sudar, porque había entendido que estaba a punto de morir.»

Esto es un cuento. En tres actos y con un final abierto. Pero lo que quería decir es que he construido un mundo: un «yo» se encuentra en un «edificio» y un tal «Aniol», que es cojo (los pasos irregulares), lo está persiguiendo para eliminarlo. Ahora podemos leer esto:

«Oyó el estampido airado de la puerta de la escalera de emergencia e, inmediatamente, el ruido de alguien que andaba por el pasillo hacia su habitación. Reconoció los pasos irregulares de Aniol. Incluso percibió el peso de la pistola que blandía. Cerró el libro en que había sido incapaz de concentrarse, miró hacia la puerta con los ojos abiertos de par en par y empezó a sudar, porque había entendido que estaba a punto de morir.»

Es la misma historia, pero un cambio nada despreciable lo trastoca todo. El punto de vista desde el cual se cuenta la historia, el de la víctima, es el mismo en las dos versiones, pero el narrador y la persona verbal han cambiado. Y eso nos transforma la historia, ya que en el primer caso el narrador forma parte de ella como personaje y en el segundo el narrador no es personaje y se ha instalado fuera de la historia; al narrador ya no lo matarán, el peligro se queda con el personaje. En contrapartida, el nuevo narrador puede saber cosas que un simple personaje siempre ignorará. Sobre todo, el futuro. Aparentemente, la historia es la misma: un «él» (en lugar de un «yo») que se encuentra en un edificio y reconoce los pasos irregulares de un tal «Aniol». Si se leen las dos versiones de la historia una tras de otra, se verá que existe un matiz que nos cambia el desenlace: en la primera versión dejamos el final abierto, pero entendemos que el «yo» se salva: si no, no nos lo podría estar contando. (Cabe decir que esto no es una verdad absoluta: por ejemplo, *Me llamo rojo*, una novela de Orhan Pamuk, se basa en la narración de un personaje muerto.) Sea como sea, en la segunda versión del cuento breve, la sensación lectora es que ese «él» tiene los minutos más contados que en la primera. Además, sabemos cosas que no se han dicho: probablemente nos encontramos en un hotel, porque hablamos de escalera de emergencia, de pasillo y de habitación. Y una metonimia nos indica que Aniol está muy enfadado: «el estampido airado de la puerta». Del «yo», o «él», sabemos que es lector. Intuimos que se encuentra al final de una huida. Y, aunque no se diga, sabemos que tiene miedo: no puede concentrarse en la lectura y mira hacia la puerta con los ojos como platos. Hemos dicho pocas cosas porque el relato es breve, pero hemos dado a entender muchas otras. La literatura (si se me permite que considere literatura esta improvisación) actúa así: decir lo máximo con el mínimo de material artístico. Ninguna historia empieza nunca desde el principio. Con permiso del bosón de Higgs, al principio Dios creó los cielos y la tierra. Pero cuando inventamos historias no podemos remontarnos a sus orígenes. Ni siquiera al nacimiento de los personajes que compondrán el mundo narrativo. Los encontramos a medio camino, llenos de cicatrices de las historias que han vivido hasta entonces y que nunca nos contará nadie. Y estas marcas que llevan al empezar la novela, y que intuiremos sólo en parte, son las condiciones que quizá hacen creíble al personaje. Cuando conocemos a una persona sabemos que ha vivido, antes de que nosotros nos la encontremos, una vida que le ha dejado rastros y, por tanto, intuimos, suponemos o adivinamos alegrías y desastres anteriores a nuestro encuentro; de igual manera, cuando aparece un nuevo personaje en la novela que estamos leyendo, hemos de percibir las cicatrices sin que resulten demasiado evidentes. La existencia de las marcas, y la habilidad con que se las mostramos al lector, hacen que el personaje nos resulte creíble. La gracia es saber convencer al lector de que las cicatrices existen, de que son serias, de que alguna aún duele y de que los personajes querrían no haberlas sufrido. Y habremos avanzado mucho, porque nos encontramos a un «Aniol» y a un «yo/él» en pleno conflicto. ¿Por qué Aniol está enfurecido? ¿Por qué persigue al «yo»? No lo decimos; no estamos contando la historia de las razones de una venganza, estamos explicando el miedo de un fugitivo. Y nos da lo mismo cuál era el libro que intentaba leer infructuosamente el «yo/él». (Después veremos que lo que acabo de decir puede no ser cierto.) Hemos mostrado la esencia: su miedo. La historia, en las dos versiones, la hemos contado desde la perspectiva del que está tumbado en la cama: por tanto, lo hemos convertido en el protagonista del relato. Hemos vivido desde su punto de vista; las penas de Aniol nos importan un bledo (de momento, mientras no sepamos cuál es el libro que lee el otro; y fijaos que con estos dos paréntesis estoy haciendo anticipaciones). Sufrimos por el destino, incierto o fatal, según la versión, del innominado protagonista.

Un autor de hace ciento treinta años habría escrito: «Aniushka era un joven de carácter sanguíneo, hijo de una familia rural acomodada y que estaba a punto de cumplir veinticinco años; el accidente que había sufrido por culpa de un caballo desbocado le echó a perder la pierna y el carácter.[8] Un buen día, harto de las bromas de Ilich Gorutov, cargó la pistola del abuelo y recorrió, renqueando, las dos verstas que le separaban del Gran Hotel de Nizhni Nóvgorod, la ciudad, querido lector, en que se producían los hechos que relatamos. Mientras tanto, Gorutov, ignorando el peligro que se cernía sobre su cabeza, leía tranquilamente *Padres e hijos* del gran Turguéniev. Gorutov oyó el estampido airado de una puerta y levantó los ojos, extrañado...».

Es otra forma de decirlo. Está claro que aquí ya no he hablado del miedo de Gorutov: he cambiado de bando y he hablado de la ira de Aniol/Aniushka. Un lector avisado detectará, en este planteamiento, un guiño a Homero: he hablado de la ira de Aniushka. En las primeras palabras de la *Ilíada*, Homero invoca a los dioses y dice a los oyentes (o lectores) de qué trata la novela que nos contará:

Canta, oh diosa, la cólera de Aquiles, hijo de Peleo: cólera funesta (...)

Homero elige, para comenzar su gran poema, un tema lateral, la cólera de Aquiles por una cuestión de faldas (y de honor tras las faldas), y con eso justifica que el protagonista desaparezca durante unos cuantos cantos de la historia, que se resolverá hacia el final con su presencia salvífica cuando, en otro ataque

8. Una manera decimonónica de mostrar cicatrices.

de ira por la muerte de su amigo Patroclo, se decide a volver a la batalla.

Sentimientos, los de los celos y del honor manchado, bien actuales. Los griegos hablaron de todo, es cierto; pero cada época tiene su manera de contarlo. Por ejemplo, ahora nos puede chocar la forma de contar las cosas del supuesto narrador ruso que me he inventado y que hace méritos para aparecer en la mágica antología de escritores rusos de Francesc Serés. Pero para el lector del siglo XIX era *la* forma de narrar. Y los *flashbacks* y las anticipaciones que nos propone Homero en la *Odisea* (también en la *Ilíada*) quizá le parecieran un poco atrevidos.

¿Qué diferencia al lector del XIX del de hoy? Por lo que se refiere a la naturaleza humana, nada, o bien poco. Pero en cuanto a técnicas narrativas se ha producido un recorrido descomunal. Podemos pensar que las técnicas narrativas no forman parte de la esencia de lo que se cuenta; pero no es cierto: las técnicas narrativas, junto con las ofertas estilísticas, forman parte de la *mirada* de la Humanidad en el siglo XXI. El lector del siglo XIX no pudo ver ni un minuto de cine hasta finales de 1895. El del siglo XXI se ha hartado. El del XIX puede entender la muerte de Gorutov; el del XXI también, pero si se lo dices con un lenguaje y una mirada del XXI le producirás un efecto más profundo y actual, y no «anticuado». Desde Homero a Jesús Moncada no cambian los sentimientos de los personajes sino la manera de contarlos. Tenemos literatura para siglos.

La ventaja del paso del tiempo es que el contexto literario universal se ensancha. La literatura escrita en una lengua multimillonaria tiene más bazas para no pasar desapercibida. Una literatura de una lengua con menor número de hablantes ha de ser muy buena para superar las barreras del desconocimiento y del anonimato. Pero, sea cual sea la suerte de cada obra, el canon se va expandiendo y engrosando, y los reflejos, las citas y las alusiones interactúan en el escritor y también en el lector, de forma que la lectura de Shakespeare puede ser hoy más rica que la que podía hacer un coetáneo del autor, ya que al texto primario se le añade fatalmente todo ese texto secundario que habla de Shakespeare o de sus temas y que lo relaciona con posibles fuentes y orígenes. A veces no nos atrapa una obra sino el entusiasmo de quien la analiza. Y a través de este ejercicio intelectual y racional llegamos a la esencia inefable de la obra de arte, que no entiende de racionalidades.

De la misma forma que leyendo un relato de Boccaccio me pongo en el lugar del lector del XIV, ahora me gustaría mucho, pero mucho, poder leer un relato del siglo XXVI; probablemente me escandalizaría; probablemente entendería los sentimientos, pero pensaría para mis adentros que a la gente del siglo XXVI le faltaba un hervor.

Hemos dejado a un personaje sin nombre (o llamado Gorutov en la versión rusa) en peligro de muerte. Y a Aniol (o Aniushka, según la versión) enfurecido por no sabemos qué odio. Nos situamos en una suspensión de la acción que haremos arrancar más adelante con unos retoques. No abandono la historia, pues, pero nos hace falta abrir un paréntesis para hablar de los personajes. De momento son unos nombres con unos sentimientos intensos, pero que no nos dicen nada. Todavía no hemos viajado a su interior: les reconocemos cicatrices pero lo vemos todo desde fuera. En rigor, aún no son personajes. Sólo son circunstancias narrativas. De la misma manera que descubrir el argumento es un placer, también lo es ir dando forma a un proyecto, a una «circunstancia narrativa» que se perfila poco a poco y que, con suerte y unas cuantas gotas de vida, se dispone a recorrer un itinerario dentro de la historia convertida ya en personaje. Eso que será un personaje comienza con un gesto, un perfil, una reacción. Lentamente van apareciendo rasgos de personalidad, formas de hablar, reacciones inesperadas que de momento no van a ninguna parte. Cuando les descubres algún secreto, o cuando sabes que tienen un secreto que *todavía no has descubierto*, ya no hace falta que sufras: «eso» acabará siendo un personaje. El novelista le pone nombre al prepersonaje para hacer que trabaje, bien identificado, donde le conviene que lo haga y con la esperanza de que crezca interiormente. Si leemos alguna vez un relato o una novela en que todos los personajes nos parecen el mismo (pese a que tengan nombre, sexo y biografías diversas) es que el autor no ha sabido superar esta fase de gestación. Para que llegue a ser un personaje de verdad, encarnado (y disculpadme el uso de esta palabra tan trascendente), hecho de carne, *hecho de verdad*, es cuando a los perfiles y a los gestos les hemos añadido los anhelos, los recelos, las manías..., siempre, claro, de manera sutil.

Pero ¿cuál es el milagro? Que sólo con un tecleo o unos trazos de la pluma creamos un personaje cuya presencia se convierte en real para el lector, porque podrá hablar de él y debatirlo con otros lectores. Y puede sentirse afectado por él. Es un milagro esta capacidad empática de la literatura: es el poder de la creación artística.

Pero el creador, en el momento en que ya tiene el prepersonaje, vive una preocupación teleológica: en qué llegarán a convertirse estos personajes que inicialmente son sólo un gesto, un rostro, una voluntad, un despropósito, una acción: *qué* llegarán a ser en cuanto a personalidad y, evidentemente, *a dónde* llegarán y *cómo*, dentro del itinerario narrativo en que los colocas. Como la madre desesperada que abandona el cesto con el bebé en medio de la suave corriente del río, el autor quiere saber en qué se habrá convertido ese de-momento-un-proyecto al final del relato. Una bellota contiene una idea, un proyecto de roble, según la ejemplificación de Aristóteles. En la bellota se encuentra ya el «*telos*» del roble. Los personajes fueron primero bellotas. El problema es que no sabemos si acabarán siendo robles y de qué tipo. Y las vías son muy variadas: puede ser que vayas descubriendo este roble del personaje poco a poco; puede que te sorprenda, porque no lo preveías así, y puede incluso que te guste más que el proyecto que habías previsto; también puede ser, claro, que se avenga a tus perspectivas.

Aunque no mucho con los personajes protagonistas, con algunos secundarios puede darse el caso inverso: tienes muy claro cómo es el personaje y vas descubriendo sus orígenes durante la creación del relato y del mundo. Es decir, que tienes muy claro el roble, y a medida que trabajas en él, acabas descubriendo la bellota de donde ha salido... La creación de los personajes es un misterio. Porque el personaje puede impresionar al lector, de acuerdo; pero os aseguro que durante el proceso de creación puede enfrentarse con su creador. Enfrentarse, discutir con él, rebelarse, esconderse, huir...: como si fuera «algo» vivo.

Un libro que leí hace unos años[9] me hizo pensar sobre la creación de los personajes. La intención de los autores es hacer un repaso a la filosofía con la ayuda de chistes y se lee como quien se come un *panellet*, sin darse cuenta. Y, hablando de la teleología, cuentan un chiste que nos viene bien para ilustrar lo que hemos dicho de los personajes y del proceso teleológico. Resulta que una señora va por la calle muy ufana con sus dos nietos cogidos de la mano y se encuentra con un conocido que la saluda y le hace en seguida la pregunta de rigor:

—¿Y qué años tienen estos niños tan monos?

La abuela, con un sentido claro del oficio novelístico y teleológico de la vida, responde:

—El médico, siete años; y el abogado cinco.

Los personajes de una novela son difíciles de construir. Van creciendo con el mundo narrativo. Y aca-

<hr>

9. *Platón y un ornitorrinco entran en un bar*, de Daniel Klein y Thomas Carthcart, Barcelona, Planeta, 2008.

ban teniendo, si sabemos hacerlo, vida interior. A los personajes de un cuento les suele faltar relieve, porque no hay tiempo ni espacio para engordarlos; ahora bien, la sabiduría del autor puede hacer que los veamos como personajes redondos, esféricos, con relieve, sólo con un gesto y cuatro palabras. Como el dibujante que sin levantar el carboncillo del papel, de un trazo, dibuja un personaje absolutamente creíble, cuyas pasiones secretas creemos conocer.

Retomo ahora al personaje que está a punto de morir a causa de la furia de Aniol. Dado que narrar es poner los detalles en solfa, se me ha ocurrido armonizar todo lo que tenía. Si digo:

«Oyó el estampido airado de la puerta de la escalera de emergencia e, inmediatamente, el ruido de alguien que andaba por el pasillo hacia su habitación. Reconoció unos pasos irregulares. Incluso percibió el peso de la pistola que blandía el individuo. Cerró el libro en que había sido incapaz de concentrarse, miró hacia la puerta con los ojos abiertos de par en par y empezó a sudar, porque había entendido que estaba a punto de morir».

Puedo continuar así:

«Se levantó bruscamente, abrió la ventana y miró hacia abajo, a la calle. La *chopper* lo estaba esperando, fiel, pero tres pisos más abajo, inútil, casi con un ademán irónico. Miró hacia la puerta y lo entendió todo. Le habían tendido una trampa y él había caído como un ratoncillo...»

Con un objeto, una moto que había repostado en Tortosa, he unido dos acciones aparentemente desconectadas (la de Gustau y la de Aniol, ahora sin nombre, porque creo que Gustau no puede saberlo y nosotros ni siquiera lo hemos visto abrir la puerta), con lo cual parece que hemos ensanchado el mundo de ficción que habíamos ido dosificando de manera caprichosa. Pero hemos hablado sólo de hechos. Si quisiéramos hablar de razones de los personajes, podríamos hacerlo de otra forma, pero probablemente le habría pasado por alto a algún lector. Por ejemplo, si ahora, o antes, hubiera dicho:

«Oyó el estampido airado de la puerta de la escalera de emergencia e, inmediatamente, el ruido de alguien que andaba por el pasillo hacia su habitación. Reconoció el odio y la determinación de unos pasos irregulares. Incluso percibió el peso de la pistola que blandía el individuo. Antes de abandonar la historia de la transformación de Mirra en árbol, dobló la esquina de la página, como si quisiera dejar una marca en el texto que estaba leyendo, para retomar tranquilamente la lectura cuando ya estuviese muerto».

En este punto, algún lector ya puede hacer una conexión: las palabras «auidus Cognoscere amantem», tatuadas en la mano del conductor de la *chopper*, pueden ser una pista, ya que son el desencadenante de la tragedia de Mirra, según nos cuenta Ovidio en sus *Metamorphoseon*. Cíniras, su padre, con ganas de conocer a la amante anónima con la que se ha acostado unas cuantas noches, le acerca la lámpara y ve que es su hija. Ya estamos abocados a la tragedia. Pero en nuestro relato sería atrevido confiar el nexo de unión de una historia (la de Aniol) con la otra (la de Gustau) al conocimiento, por parte del lector, del mito de Mirra contado por Ovidio en latín. Por lo tanto, si lo hiciéramos, no deberíamos olvidar la presencia de la *chopper* como un refuerzo para el lector:

«Oyó el estampido airado de la puerta de la escalera de emergencia e, inmediatamente, el ruido de alguien que andaba por el pasillo hacia su habitación. Reconoció el odio y la determinación de unos pasos irregulares. Incluso percibió el peso de la pistola que blandía el individuo. Antes de abandonar la historia de la transformación de Mirra en árbol, dobló la esquina de la página, como si quisiera dejar una marca en el texto que estaba leyendo, para retomar tranquilamente la lectura cuando ya estuviese muerto. Se levantó bruscamente, abrió la ventana y miró hacia abajo, a la calle. La *chopper* lo estaba esperando, fiel, pero tres pisos más abajo, inútil, casi con un ademán irónico. Miró hacia la puerta y lo entendió todo. Le habían tendido una trampa y él había caído como un ratoncillo...».

Si hemos introducido el tema de Mirra, estamos invitando al lector a que piense que la furia de Aniol, si es que aún se llama Aniol, puede estar relacionada con él: alguien que quiere vengar, de parte de la víctima, una relación incestuosa. Entenderíamos la cólera de Aniol sin llegar a saber exactamente quién es o qué relación tiene con el caso. Ahora bien: si el cuento se acaba aquí, con la muerte anunciada de Gustau, no nos hace falta saber nada más. Porque la esencia del cuento es dejar trabajar al lector, que ha de sentir, entender o completar todo lo que se ha dicho sin que se haya hablado de ello, a causa de la brevedad del texto. Si no se acaba aquí, pueden pasar otras cosas que nos hagan cambiar de parecer. Y, claro, la rubia espectacular de la gasolinera, en lugar de ser la ejecutora, forma parte del equipo de ejecución. Vete a saber si Aniol es el chófer que le anuncia a la rubia que volarán bajo por la autopista. O no. Cuando estás inventando la historia todo puede ser así o de otra manera. Y hasta tal punto que te puede generar una sensación de vacío, de pánico, porque siempre hay un motivo que te hace tirar para un lado o para el otro. Has de tomar decisiones constantemente y el miedo al error puede llegar a bloquearte. Dice Martin Amis que el novelista debe tomar, en cada página que escribe, unas cuarenta o cincuenta decisiones, y yo creo que se queda corto. Todo puede ser así, pero también de unas cuantas maneras distintas. Y eres tan consciente de los caminos que emprendes como de las renuncias que asumes; y eso es agotador.

En lo que he fracasado es en darle sentido a la mayúscula de *Cognoscere*. El verso de Ovidio dice: *cum tandem Cinyras, auidus cognoscere amantem / post tot concubitus, inlato lumine uidit / et scelus et natam uerbisque dolore retentis / pendenti nitidum uagina deripit ensem.* (hasta que Cíniras, ansioso por ver y conocer a su amante / tras tantos coitos, hizo entrar una luz / a cuyo resplandor vio y comprendió su delito, / y que la cómplice era su hija. / Callando y sin pronunciar una palabra, porque no se lo permitía su dolor, / arremetió a su espada, y la desenvainó.)

No se me ocurre una razón para la mayúscula de *Cognoscere*. Tengo dos opciones: o dejarlo así y no decir nada, como tantas cosas de la vida que no tienen explicación, o sustituir la mayúscula por una minúscula desde el primer momento en que aparece y santas pascuas. Por ahora, me quedo con la primera opción.

Repaso lo que he escrito sobre Aniol y Gustau: ¿juegos, elucubraciones, ejercicios? No lo sé. No sé si es una pérdida de tiempo ni si puede tener interés para alguien. A veces escribo sin un objetivo y me da la sensación de que soy como esos ciclistas profesionales que, después de pegarse una paliza durante seis etapas del Tour, les llega un día de descanso, y en lugar de tumbarse a la bartola, se hacen cien kilómetros de nada para no oxidarse. En el fondo, si no me he podido abstener es por el simple placer de narrar.

Lo que seguro que capto, releyendo esto que he escrito, es que miro el mundo, las cosas, los paisajes, a las personas, siempre con ojos de escritor. «Tout, au monde, existe pour aboutir à un livre», dijo Mallarmé, y lo he citado más de una vez. Cuando observo una puesta de sol, pienso en historias; veo a la mujer de mirada triste que piensa en cómo le fue todo para llegar hasta aquí. Sé que siente una punzada en la pierna y que el paisaje se le refleja en los ojos, como un recuerdo. En cambio, me imagino que la pianista que observa el mismo paisaje escucha el silencio, siente el aroma de la noche que se acerca y percibe el canto de un grillo madrugador. El pintor valora su gradación de colores y el trazo enérgico que dibujan las nubes rojizas y deshilachadas... Cada loco con su tema.

Pero la realidad no es así de esquemática. La sensibilidad se nos desborda sin pedir permiso y pensamos una suma y mezcla de estas miradas que he descrito, y no como poetas o compositores, sino como personas. Por eso ese paisaje de atardecer puede cautivar a cualquier persona con un mínimo de sensibilidad. Ahora bien: a pesar de todo, en el fondo sigo pensando que en el mundo todo existe para que, al final, alguien lo escriba.

Un día, el escritor y profesor Andreu Ayats me hizo una pregunta, por escrito, sin situarla en ningún contexto. Me preguntó: ¿qué es el contraste? ¿Que qué es el contraste? Me puse a pensar en qué puñetas quería que le respondiera. También pensé que esa pregunta no tenía sentido. Qué es el contraste, ya me dirás. Y más si resulta que tras esa pregunta llegaban otras igual y cuidadosamente descontextualizadas. Después de darle muchas vueltas, me avine al juego o, mejor, al interrogatorio, porque intuía que eso me haría reflexionar. Y me sentí como un ciclista del Tour en día de descanso.

Escribí que el contraste es fuente de vida. No puedes hacer crecer un relato sin contar con el contraste. De la misma forma que el pintor lo utiliza para incitar al observador, el narrador lo usa para sobornar al lector, ya que el contrato establecido entre escritor y lector supone la fidelidad del segundo a los estímulos del primero. Estímulos de todo tipo: estilísticos, narrativos, psicológicos, culturales... No existe nada más anarrativo que el terreno llano, de personajes idénticos, que hablan todos igual y se aletargan en una historia sin evolución. ¿Y en música?

El forte sigue al piano. El Allegro, después del Moderato cantabile, nos reaviva el interés, si se nos había desnortado. Al instrumentista que aprende expresión musical, se le enseña la *sorpresa*: el contraste repentino de forte a piano, por ejemplo; pero también se le enseña el *suspense*: la gradación, que es otra manera de presentar el contraste apelando a la memoria del oyente: antes estábamos en pianísimo, pero hace treinta segundos que graduamos hasta fortísimo. Contraste. Si quieres acabar una frase con un forte, no la comiences mezzoforte, porque acabarás fortísimo. ¿Qué quiere decir todo esto? Que debes tener presentes los momentos expresivos de toda la frase musical. Es decir, que has de ser consciente de la presencia constante del contraste, que nos lleva al gesto expresivo. Contraste como diferencia. Como vida.

Esto también lo sabían los primitivos flamencos: el detallismo aparentemente banal de los objetos materiales contrasta con la interiorización de las miradas (sobre todo de las miradas) de los personajes retratados. También lo sabía Kandinsky, con la superposición de formas, trazos y colores. Y Hopper, cuando nos presenta personajes con la boca reseca por el abuso de tabaco, preparándose para cenar, mientras fuera se hace de noche. ¿Qué sería el quinteto de cuerda de Schubert (comparad el primer y el segundo movimiento) sin el contraste? ¿Y su Opus póstumo D.960 sin la gradación superlativa del allegro inicial?

Pensando en todo esto llego a la conclusión de que existen unas leyes básicas de la narratividad que valen para la música, la literatura, la pintura, la escultura, la arquitectura... Todas tienen el contraste en el centro, como el palo de un almiar. Ignoro qué diría un antropólogo, o un matemático. Y, probablemente, un músico o un pintor opinarían cosas distintas a las que les he endosado... Pero la cosa va un poco por ahí.

Puesto que cuando escribes estás solo, y aceptas con gusto la invitación a la soledad, es más sencillo que se te hagan presentes todos los elementos del mundo que estás creando. Tanto la manera de ser del protagonista como el color de la habitación en que lo has colocado para que mire a la calle. Llega un momento en que el mundo creado es tan tuyo que lo ves con todo el atrezo. Eso hace que tengas presentes los objetos. Con un poco de gracia se puede hacer un uso narrativo de los objetos de tal manera que su sola presencia fuera de contexto nos cuenta muchas más cosas (¡sin decirlas!) que si las explicitáramos con un decimonónico «querido lector, te habrás dado cuenta de que estamos en invierno, hace un frío que pela y, con todo y eso, Aniol lleva la bufanda roja en la mano».

La vida narrativa de los objetos me fascina. Ese zapato en medio de la calle... ¿qué hace ahí? Un papel arrugado con trazas de haber servido de envoltorio de una comida aceitosa, ¿qué envolvía y quién se lo ha comido? Y el guante abandonado cuidadosamente sobre el alféizar de una ventana que da a la calle, ¿quién lo ha dejado y quién lo echa de menos ahora? A veces pienso que fijarse en los objetos, en los detalles (una novela está hecha de detalles, como la vida) es una estratagema musical: no un tema, sino un simple motivo, tres notas, que posee un valor quizá secundario. Cuando lo repites, dicho por otro instrumento en un tono más agudo, adquiere más valor porque lo relacionamos con la primera vez que ha aparecido. Y cuando lo oyes tocado por los contrabajos, ya es como de la familia y está queriendo decirte algo. El oficio del compositor/escritor hace calibrar el valor y la eficacia de la presencia del motivo/objeto en el mundo de la sinfonía/relato.

5
El valor del silencio

La mayor parte de las causas de los
desórdenes del mundo son gramaticales.

MICHEL DE MONTAIGNE

Estoy de acuerdo con esta afirmación de Montaigne,
que de entrada puede parecer sorprendente. Él habla del hecho de que muchas guerras nacen de la in-
capacidad para expresar el sentido de los tratados
establecidos... Y lo ejemplifica con los quebraderos
de cabeza que generó la interpretación de la palabra
latina *hoc* en la frase *Hoc est enim corpus meum*, que
llevó a las disputas sangrantes entre católicos y hugo-
notes en la época de Montaigne, que le harían caer la
cara de vergüenza a quien las profirió. Es cierto que
se mezclan intereses políticos y económicos diversos,
pero todo empieza por qué entendemos exactamente
por *hoc*. Pienso también en las reformas del obispo
Nikón en la iglesia ortodoxa rusa del XVII, que supusieron la división de los creyentes en dos bandos
irreconciliables, y en la persecución cruel y la voluntad de exterminio de los antiguos creyentes a causa
de su negativa al cambio de la interpretación de cada
concepto litúrgico y cada canon eclesiástico. Hasta el

punto que, para hacerlo más sutil, lo que te puede condenar a muerte no es una palabra (cuestión de estilo), sino un gesto (cuestión de estilo): persignarte con dos dedos (las dos naturalezas de Cristo) o con tres (la Santísima Trinidad). ¿Cuestión de estilo? ¿Símbolo? La gente también se exalta, mata y se deja matar por un trapo que llaman bandera. Pero las palabras, la materia de nuestro espíritu, también pueden tener un valor simbólico. Todo depende de si queremos utilizarlas para comunicarnos y comprendernos, o las usamos como proyectiles contra los demás.

Antes se mataban por un gesto o por una palabra. Hoy... me temo que también, más disimuladamente, pero también. Aparte de que vivimos una dramática época de rebajas. No estoy capacitado para hacer análisis sociológico alguno, pero no hace falta ser una eminencia para darse cuenta de que la ley del mínimo esfuerzo impregna a esas familias que derivan la educación de los hijos hacia la escuela, y que se lavan las manos mientras en la sociedad prospera el modelo del éxito rápido y del resultado inmediato, por encima de la idea de la formación larga, lenta, profunda y verdadera. Se tiende a pensar que nuestra meta es el éxito, cuando, en realidad, nuestra meta es hacernos personas. Se tiende al titular fácil aunque sea esperable; al resultadismo deportivo y político, al arte sin excesivas complicaciones y fácil de digerir de un vistazo. Los modelos sociales son las modelos de pasarela y los deportistas, por ejemplo. Unas páginas antes hablaba de la posibilidad de una sociedad en que el modelo a seguir fuera el filósofo, el científico, la historiadora... ¿Os la imagináis? Si no podéis hacerlo es porque no existe. Estamos solos, con muchas ganas de proclamar que no lo estamos. En todo el mundo somos multitud, pero una multitud de soledades.

Lo que da pena es ver cómo, en ciertos niveles elementales de estudios de literatura, esta se utiliza de manera programada, no por sí misma, ni por el valor que pueda tener para los estudiantes lectores, sino para ejemplificar de manera subsidiaria cuestiones de lengua, o incluso de historia o de sociología. ¿Hilo demasiado fino? No me lo parece. Los programas y la distribución de horarios en la enseñanza secundaria son tales, que los profesores de literatura que se ven con ánimos de dar un curso de literatura como Dios manda son poquísimos. Leer un poema en clase porque sí, porque es bello, se está convirtiendo hoy en un acto provocador. Sobre todo si es para que los estudiantes gocen de él. Cada vez más, la sociedad se vuelve más resultadista y desconfía de los intangibles. Creo que quien es capaz de poner en contacto al estudiante con el texto, sin pedirle a cambio que resuelva aspectos de sintaxis o de morfología, o de cultura general, es porque tiene la secreta intención de que el alumno se enamore del poema o del relato y quiera leer más. Pero las urgencias de los currículos y las prioridades de los horarios hacen difícil el disfrute de unos y otros.

Entiendo los estudios de humanidades como aquellos que inciden directamente en la formación integral del individuo. Pero si la sociedad considera que estos estudios no tienen ningún valor, porque no están vinculados a rendimientos inmediatos que den relieve al centro educativo, ni pongan al estudiante en contacto con el mundo empresarial; si cada día es más penoso vivir en una sociedad basada en el éxito, en el culto a la superficialidad, a los valores efímeros; si es más importante (mucho más importante) un programa televisivo que cuente las formas de depilación masculina y femenina que otro que nos explique la estructura del globo terráqueo o las razones que llevaron a Roma a pasar de una república a un imperio, estamos complemente perdidos.

La literatura transmite un mensaje esencial que tiene una vertiente práctica: ayuda al individuo a comprenderse, a explicarse vivencias que en algún momento lo han superado o no ha acabado de entender. Y no estoy hablando de esa lacra (cuando se hacen pasar por literatura) que son los libros de autoayuda. Hablo de poder leer este poema de Lluís Calvo y gozar de unos segundos de reflexión:

El poeta allibera les formes del dolor.
Reposa en llits punxents, s'empassa focs i espases,
suporta el frec ardent de vidres, rocs i brases.
Però el verb, enclavant-s'hi, en llaura la buidor.
   «Faquir», en *El buit i la medusa*[10]

Es así de sencillo. La poesía no pide nada más. Ni pide que la entiendas racionalmente, sino que pene-

---

10. «El poeta libera las formas del dolor. / Reposa en lechos punzantes, se traga fuegos y espadas, / soporta el roce ardiente de cristales, piedras y brasas. / Pero el verbo, enclavándose, labra su vacío.» «Faquir», en el libro *El vacío y la medusa. (N. del T.)*

tres en ella sin prisas, que la leas en voz alta, que te dejes impregnar por las palabras. Lo que pasa es que, si uno lo hace, verá que poco a poco la poesía se vuelve exigente y te demanda más lecturas y, sobre todo, relecturas. Crea adicción. Una lectora a la que no conozco personalmente me habló de la importancia que tuvo para ella, en Santander, la entrega de unos cuantos profesores: el que le leyó un poema en clase más allá de los obligatorios de Machado; la que le regaló una novela de Steinbeck... Que por culpa de estos profesores es una lectora sin remedio que tiene el propósito de leer, leer y leer: que escriban los demás, que ella lo que quiere es leer. ¡Eso sí que es un buen programa!

Cuando hablo del uso de la literatura para otros fines que no sean leer y conocer la literatura, me refiero a niveles elementales, de secundaria. Pero es que los alumnos de secundaria que casi no han hecho literatura, porque los planes de estudio son como son, después serán estudiantes universitarios. El profesor de secundaria sabe que acerca la literatura (si puede hacerlo) a futuros clientes de centros de depilación. Los programas y los horarios de esta materia son absurdos y ridículos. Pero el profesor tozudo venga a dar poemas o a hacer que lean novelas. Hace lo que puede. Y muy de vez en cuando, a pesar de los impedimentos, descubre en la mirada brillante de un alumno a alguien que ya nunca dejará de ser lector. El profesor de literatura sabe que esa es su verdadera retribución.

He leído un librito delicioso: *Éloge de la transmission. Le maître et l'élève*,[11] que explica una conversa-

11. Éditions Albin Michel, París, 2003.

ción y una relación que Cécile Ladjali, profesora de literatura en un instituto de secundaria de las afueras de París, y los alumnos de su clase tuvieron con George Steiner. Las reflexiones que ahora expongo están extraídas del libro, pero también de mi propia lectura del texto.

Dice Pascal que si uno consigue quedarse sentado en silencio y a solas, en una habitación, es que ha recibido una buena educación. ¡Esto es tan actual hoy, cuando el gregarismo nos hace tener miedo incluso del silencio! El profesor sabe que la grandeza de la literatura es que es gratuita: existe porque lo quiere el poeta. Sabe que quien escribe es porque es capaz de inventar un nuevo lenguaje; sabe que lo importante no es escribir «esto» sino escribir «así». Y que en ello consiste la diferencia entre el buen libro y el que es prescindible. Y también sabe que la gran resistencia del alumno a leer, si se da, se debe al miedo al silencio; el lector, gracias a la experiencia del estilo, se encuentra solo, cara a cara consigo mismo. Pero al final de una lectura lograda se encuentra la satisfacción de haber llegado a la cima. El profesor saca al alumno de su mundo y lo conduce adonde no habría podido llegar sin su ayuda. Ya sea a entender las derivadas, a admirar un poema en silencio o a captar un timbre o una armonía. Y el profesor, sin complejos, debe dejarle claro al alumno que eso es difícil. Pero que no pasa nada, porque, contra lo que muchos predican, la dificultad es por sí misma educativa. El buen trabajo del profesor no es el de apartar los obstáculos que el alumno se encuentra en el estudio, y a veces en la vida, sino el de ayudarle a superarlos: la dificultad es educativa.

En algún lugar he escrito que enseñar es, sobre todo, transmitir pasiones. En su vida privada el profesor hace cosas, probablemente cosas que le apasionan; y las transmite aunque no formen parte del programa de la disciplina que imparte. Pero lo más habitual es que la disciplina que imparte sea *su pasión*. Y no se ha de justificar ante los alumnos: enseña las cosas que le gustan, y punto. Por eso es profesor de historia o de química. A menudo parece como si el profesor tuviera que pedir permiso para ponerse a contar una novela, o los logaritmos neperianos. ¿Es que tenemos que avergonzarnos de nuestras propias pasiones? Dice Steiner que hay que tener un punto de iluminado: tu pasión hará que el alumno escuche; quizá se cachondee; quizá, ¡qué suerte!, te lo discutirá. Pero, en todo caso, te habrá escuchado.

El gran drama de los sistemas educativos europeos es el descenso del listón. La falsa democracia de la mediocridad que ha instaurado el rasante igualitario nos hace difícil ayudar a los niños a soñar, a superar sus propias limitaciones. Hemos de dejar que los alumnos que puedan volar alcen el vuelo. Con los que no vuelen ya daremos un paseo, que será precioso, pero a ras de suelo. Pero, por el amor de Dios, ¿en nombre de qué derecho hemos de impedir que el que pueda arranque a volar?

En Roma, en la Italia devastada de Berlusconi, conocí a algunos estudiantes de bachillerato: todos, los de ciencias y los de letras, hacen cinco años de latín. Los de letras, además, cursan cuatro años de griego. Y esto, ahora. Y a un estudiante que se prepara para entrar en una ingeniería le piden un trabajo sobre Maquiavelo. Pero no sobre *El príncipe*, que podríamos decir, siendo optimistas, que lo lleva en los labios, sino sobre *La mandrágora*. Sin complejos, sin pedirle permiso a la asociación de padres o a los partidos políticos. Y rompiendo la barrera entre ciencias y letras, creando puentes entre las dos grandes áreas.

Que lo sepan los padres: la tarea del maestro es agotadora. En secundaria, el doble. Y no pierdas la sonrisa. Pero la profesora agotada sabe que, de vez en cuando, se convierte en testigo de los descubrimientos admirados de los alumnos. Y sabe que, de vez en cuando, aparece una criatura que la superará, que llegará más lejos que ella en esa materia que domina. Es el placer inenarrable reservado al *homo didascalicus*. Y de vez en cuando recibe alegrías profundas e íntimas, cuando se topa con un alumno o con un antiguo alumno en una biblioteca, en una librería, en una exposición o en una sala de conciertos. Sabe que ese chico o esa chica es capaz de hacer que fructifique su silencio interior. El profesor, con esta anécdota humilde pero significativa, sabe que sus esfuerzos han valido la pena.

Cuando un niño coge un libro lleno de dibujos y de historias de animales, está haciendo un gran gesto: empieza a iniciarse en la interiorización de su vida. Con ese libro, y con los que vendrán después, tal vez no recibirá una enseñanza concreta, pero sí una incitación a la reflexión y a estimular la capacidad de hacerse preguntas.

Dice Heidegger: «Quien quiera respuestas, que

calle; quien busque preguntas, que lea poesía». El filósofo nos invita primero a leer poesía y después a reflexionar, a solas y en silencio, sentados en aquella habitación de Pascal. Todo un programa educativo.

Y ya que me descubro hablando de educación, no puedo dejar de citar a un maestro con nombre y apellidos. Hablé de él en un artículo que ahora reescribo. Me lo inspiró una entrevista realizada por Miquel-Lluís Muntané y aparecida en *Serra d'Or* hace ya unos años. El entrevistado, el maestro en cuestión, es Pere Lluís Font, un hombre de una discreción profunda y de una profundidad de planteamientos de todo punto indiscreta.

Algunos de los destacados de la entrevista: «Todo pensador piensa desde algún lugar, tiene una cierta denominación de origen». «La idea de guerra o de alianza de civilizaciones me parece demasiado solemne.» «Creo que si salvamos la lengua, salvamos la nación catalana, y en esto no las tengo todas conmigo.» «Vivimos en una época retóricamente crítica, pero realmente crédula.» Ahí es nada. Aunque la entrevista me pareció demasiado breve, supieron plantear y exponer muchos temas.

Muchas generaciones de estudiantes de filosofía han tenido como profesor a Pere Lluís Font, sobre todo en materias como historia de la filosofía o filosofía de la religión. Muchos filósofos en activo lo han tenido como maestro y siempre he oído hablar muy bien de él a cualquiera que haya hecho algún comentario. Además, Pere Lluís es uno de los iniciadores y continuadores de la única colección sistemática de textos filosóficos que existe en catalán: «Textos filosòfics» (Ed. 62), que, inaugurada en 1981 con *La genealogia de la moral* de Nietzsche, ha alcanzado el volumen número cien. Esto sólo, la voluntad de ofrecer traducidos al catalán, contextualizados y presentados por buenos especialistas, los textos filosóficos más importantes desde los presocráticos hasta hoy, es una obra ingente e importante. Se trata de una iniciativa de prestigio, reconocida en el ámbito de los estudios filosóficos, pero poco conocida en general. Es una obra que trasciende a sus autores y a su época y que posee una complejidad y una dimensión cultural similar a la de la colección «Bernat Metge» de textos de literatura clásica.

Pere Lluís Font es un hombre que siempre trabaja. Siempre. Y cuando se jubiló de las clases en la universidad, comentó que estaba contento porque, como ya no tenía que trabajar, podía trabajar más. El azar me ha llevado más de una vez al despacho de su casa, donde te lo encuentras siempre leyendo o escribiendo, rodeado literalmente de libros, dossiers a punto de reventar, libros abiertos, libros con marcas, libros esperando turno, revistas... y él en el centro, pensando, poniendo lentamente orden en el caos de la mente. Y no quiero extenderme: quería hablar no de quién es, sino de lo que dice, pero el rodeo ha sido inevitable.

De las muchas cosas interesantes que se cuentan en la entrevista, hay dos que me han hecho reflexionar: una cuando le preguntan qué le parecen los conceptos de guerra de civilizaciones y de alianza de civilizaciones, que él responde: «A mí me gusta seguir el consejo de La Rochefoucauld de no utilizar nunca palabras más grandes que las cosas». Alto. Aquí nos hallamos ante un consejo impecable sobre el estilo: hablamos de la relación entre las palabras y las cosas. Hablamos de la necesidad (sobre todo en filosofía, en sociología, en historia) de ser exactos, precisos, no demagogos. Y, si le añadiésemos el aspecto literario (que injerta la filosofía más de lo que algunos quieren y dicen), hablaríamos de la perenne necesidad del buen gusto. El literato, no sé el filósofo, es aquel que sabe trascender la relación cosa-palabra y aspira a conseguir (por lo menos en el tramo final de su carrera) no hablar *de* las cosas, sino *en* las cosas. Y es capaz de hacer que las palabras sean mundos, emociones, reflexiones para el lector, gracias a la relación entre la fuerza estilística, el uso sabio de las técnicas del género y la capacidad de captar la esencialidad... a fin de convertir en necesario el texto que compone. Necesario para él, que lo escribe, y necesario para el lector, que lo lee y que —ojalá— un día se verá abocado a releerlo. Y ambos, quien escribe y quien lee, siguiendo siempre el consejo de La Rochefoucauld.

Otra cosa de esta entrevista que me ha hecho reflexionar ha sido la afirmación de que hoy en día la cultura general tiene poco prestigio. Pere Lluís Font dice que vivimos en un mundo de especialistas que a menudo no saben nada fuera de su especialidad. «No se puede conocer bien la rama si no se ha visto nunca el árbol entero», afirma. Nos encontramos en la era de la especialización, y la cultura general no goza de prestigio. Está claro que hoy los conocimientos han aumentado tanto, y que puede accederse a tanta información, que se nos hace difícil mantener bien enfocado el árbol, el conjunto. Pere Lluís Font teme que la pérdida de la cultura general —que es un hecho— nos conduzca a la depauperación lingüística y mental. Para él, cultura general no quiere decir un conocimiento superficial de generalidades, sino «hábitos intelectuales, apreciativos y expresivos adquiridos a partir de referentes culturales sólidos, humanistas y científicos, que permitan orientarse en el universo cultural».

Nuestra sociedad se entrega a la minorización de los estudios humanísticos: es un hecho constatable en todas las universidades. Y un paso más de esta sociedad uniformadora, que produce el mismo tipo de televisión, de música ambiental, de moda en el vestir, peinarse, tatuarse y divertirse en todo el mundo. Cuando un grupo de personas, para entretenerse, decide poner a todo volumen cualquier tipo de música, saben, pero casi nunca lo reconocen, que con tanto ruido la comunicación verbal se hace más difícil, si no imposible. Y que, por eso lo hacen, no les invadirá ese peligro tan temido: el del silencio. La música a todo trapo es una defensa para no tener que pensar las palabras y, sobre todo, una protección contra el silencio, tanto el ambiental como el interior.

Esta sociedad que hemos de aguantar se ve abocada a la producción sistemática de mediocridades. Y cuidado con las mediocridades: «Los espíritus mediocres suelen condenar todo lo que está lejos de su alcance». Lo dijo La Rochefoucauld.

Me ha apetecido hablar de un maestro, Pere Lluís Font. Es probable que un lector que no lo conozca de nada haya visto en él el reflejo de un maestro relevante en su vida: desde la maestra que le enseñó a leer, hasta la que le regaló un libro como quien no quiere la cosa; o la persona que le hizo reflexionar de verdad por primera vez... O el que le enseñó a amar los números primos, o la poesía medieval. Afortunadamente, todos o muchos de nosotros tenemos un Pere Lluís Font en nuestra vida.

No soy sociólogo, pero soy usuario de nuestra sociedad y tengo cosas que decir. Y sé que no me equivoco cuando denuncio esta manía de la simplificación a todos los niveles y en todos los aspectos de la vida. Que todo se pueda decir con un tuiteo (y no porque el ingenio te haga ser breve, sino porque pronto está todo dicho). Esto me hace pensar en otra de las preguntas que me hizo Ayats: ¿Enfocar es simplificar?, me preguntó. Para mí, enfocar es buscar un claror, una *clarícia*, que casi es como hacerle una caricia a la realidad. Enfocando, vemos más. Pero el arte no siempre se alimenta de la nitidez: podemos enfocar borroso para alcanzar otras metas. A veces tiene más poder evocativo un paisaje con niebla que una atmósfera nítida. A algunos cineastas les estorba la perfección de la imagen digital y, como quien lava unos vaqueros a la piedra para envejecerlos, imitan la textura del celuloide. Es cierto: viendo borroso llegas más lejos. La niebla no siempre es el recurso de la timidez: a veces le hace un favor a la nitidez. Tiresias ya evidenciaba la clarividencia del ciego. Y J.V. Foix nos lo resumió en un heptasílabo memorable: «És quan dormo que hi veig clar».[12] Esta es la grandeza del arte.

¿El hecho de enfocar quiere decir hacerlo nítido? Creo que no: enfoco nítido o enfoco borroso. Enfocar, por tanto, alejándome del diccionario, significa expresarse con el grado de nitidez elegido. Y expresarse no es necesariamente simplificar, porque también comporta una decisión estética.

El arte no es simple. Su riqueza radica en la complejidad interior, que es lo mismo que decir (aunque algunos no se lo crean) en la complejidad moral. Por la estética llegamos a la ética. Y me permito citar a mi Adrià Ardèvol cuando, pensando en los grandes precedentes sinfónicos de Beethoven (las cien sinfonías de Haydn y las cuarenta y cinco de Mozart), dice que Beethoven sólo pudo escribir nueve a causa de la complejidad moral de cada una. Aunque lo haya dicho un personaje mío, estoy completamente de acuerdo con él.

Por cierto: en el arte me aterra el camino fácil. No lo elegiría nunca, por más que cuando me encuentro desorientado en una lectura compleja o en una pintura ininteligible, o en una escritura irresoluble, y sé que estoy perdido en el laberinto, tiendo a maldecirme. Cuando hablo de «camino fácil» me refiero a la evidencia. El arte hurga y descubre, y conmociona. Si parte de, y se mueve en la evidencia, provoca indiferencia, *no sirve para nada*; si una lectura nos deja

12. «Es cuando duermo que veo claro.» *(N. del T.)*

indiferentes es que el texto no tiene poder, no es bueno. Puede haber buena literatura de factura sencilla, y puede haberla de factura compleja, pero si es buena es porque no nos deja indiferentes. Es aquello del *trobar leu* o el *trobar clus* de los trovadores: *clus* o *leu*, si el texto nos despierta interés y nos enriquece, es bueno.

Recuerdo mi perplejidad cuando leí por primera vez este poema de Paul Celan:[13]

Von Dunkel zu Dunkel
Du schlugst die Augen auf —ich seh mein Dunkel leben.
Ich seh ihm auf den Grund:
auch da ists mein und lebt.

Setzt solches über? Und erwacht dabei?
Wes Licht folgt auf dem Fuß mir,
daß sich ein Ferge fand?

He puesto en primer lugar el original alemán pensando precisamente en quien, como yo, no sabe alemán: la barrera del idioma desconocido puede parecer total. Digo «parecer» porque siempre hay un asidero: me agarro a la lectura del texto, del cual, a poco que conozca o haya oído hablar la lengua que no entiendo, puedo intuir y hasta imitar su musicalidad. Precisamente el lector alemán es muy amante de escuchar lecturas en lenguas que no le son habituales: cierra los ojos o sigue el texto traducido, y está atento

13. *De llindar en llindar*. Paul Celan. Labreu Edicions, Barcelona, 2012. Trad. Arnau Pons. Edición bilingüe.

a la musicalidad de los fonemas y al ritmo de los versos que escucha, aunque no los entienda, o apenas.

Es un poema enigmático, como todos los de Paul Celan. Traducido por Arnau Pons, alzaremos un poco el velo, aunque me temo que seguiremos un tanto perplejos:

DE FOSC EN FOSC
Has badat els ulls —i veig viure el que m'és fosc.
El veig al fons:
allà també em pertany i viu.

Es trasllada a l'altra riba una cosa així? I s'hi desperta?
De qui és la llum que tant m'estalona
que hi ha sortit un nauxer?[14]

Pons nos ofrece, levantando otro velo, como hace con todos los poemas del libro, una explicación:

(...)
Ahora el yo y el tú están situados en orillas separadas.
Heidegger habla de la traducción como de un traslado o

14. «DE OSCURIDAD EN OSCURIDAD // Abriste los ojos — Veo vivir mi oscuridad. / La veo hasta el fondo: / aún allí es mía y vive. // ¿Traslada como tal a la otra orilla? ¿Se despierta al hacerlo? / ¿De quién es esta luz que sigue mi paso, / para que apareciera un barquero?» Traducción de José Luis Reina Palazón en: Paul Celan, *Obras completas,* Trotta, Madrid, 1999. *(N. del T.)*

de un transporte a la otra orilla. Celan cuenta lo que hace, con las figuras etimológicas del filósofo, con su poesía. Lo que está oscuro del lado de la historia y que le pertenece pasa sin alteración a la orilla de la poesía: allí también es suyo y está vivo. *En el traslado se despierta (y esta es justamente la fuerza de la poesía).*

El poeta se pregunta de quién es la luz que lo persigue de una manera tal que el paso de esta oscuridad a la otra orilla ha sido posible, ya que ha habido un «nauxer» [marinero que dirige la maniobra de una nave: «Ferge», como «nauxer», es un arcaísmo] que ha sido capaz de una empresa tal.

(...)

¿De quién es esta luz impetuosa que pisa los talones al yo y lo apremia? ¿No viene quizá de un afán de poner de manifiesto los crímenes?

Me permito quitar todavía otro velo. El destacado en el texto de Pons es mío. El poeta puede hablar de su sufrimiento obsesivo, de la terrible experiencia personal de la *Shoah* de la que es superviviente (la oscuridad de la historia) y que, traducida en poesía, le sigue perteneciendo, está viva y puede ser compartida. La vida y la historia, con su oscuridad, pueden pasar a la otra orilla, la de la poesía, y el poeta la continúa viviendo... Y en ese traslado el poeta se despierta (y esta es la fuerza de la poesía). Puedo leer este poema muchas veces y se me aparecen mundos sugeridos. Pero sé que sin el comentario de un conocedor me quedaré a oscuras. La poesía de Celan, me parece a mí, es un caso extremo de oscuridad y de dificultad intencionada. Como mínimo debo leerlo siempre con muletas, y no por eso pierdo el interés. Ya sé que el esfuerzo de intelección me hace perder la emoción espontánea, en favor de la emoción intelectual de saber que empiezo a comprender, a arrancarle velos al poema.

Puedo entender otro dolor transformado en poesía: no el dolor personal y colectivo expresado individualmente por Celan, sino el dolor particular de quien llora a su hija muerta en este poema cautivador, esta triste canción de cuna de Vicent Andrés Estellés perteneciente al poemario *La nit*).[15] Leyéndolo, siento un interés literario similar, si bien estimulado de una manera más intuitiva, y donde la música del lenguaje (que entiendo sin dificultades) tiene mucha importancia.

> CANÇÓ DE BRESSOL
> Jo tinc una Mort petita,
> meua i ben meua només.
> Com jo la nodresc a ella,
> ella em nodreix igualment.
> Jo tinc una Mort petita
> que trau els peus dels bolquers.
> Només tinc la meua Mort
> i no necessite res.
> Jo tinc una Mort petita
> i és, d'allò meu el més meu.

15. En *Recomane tenebres,* Obra completa I, Ed. Tres i Quatre, Valencia 1972.

Molt més meua que la vida,
amb mi va i amb mi se'n ve.
És la meua ama, i és l'ama
del corral i del carrer,
de la llimera i la parra
i la flor del taronger.[16]

En este poema, y en otros de la misma recopilación, que vuelven al mismo recuerdo doloroso («la casa en silenci, la casa / sense tu, filla meua.»),[17] Andrés Estellés no cubre con velos su dolor. Es poesía diferente de la de Celan; y somos los lectores los que acogemos a ambas y las hacemos nuestras, con actitudes lectoras diferentes para una y otra.

He dicho a menudo que hay que desconfiar de los novelistas que no leen poesía. No sé si tengo derecho a afirmarlo en voz muy alta, pero así lo veo. Lisa y llanamente: creo que la literatura comienza y acaba en la poesía, donde se ofrece la palabra desnuda, en la tensión de la música del verso. Siempre les he dicho a los novelistas que, imprudentes, me han pedi-

16. «CANCIÓN DE CUNA // Yo tengo una Muerte pequeña, / mía y bien mía nada más. / Como yo la alimento a ella, / ella así me alimenta igualmente. / Yo tengo una Muerte pequeña / que saca los pies del pañal. / Nada más tengo que mi Muerte, / y no necesito nada. / Yo tengo una Muerte pequeña / y es, de lo mío, lo más mío. / Mucho más mía que la vida, / conmigo va, conmigo viene. / Ella es mi ama, y es el ama / del corral y de la calle, / del limonero y la parra, / y de la flor del naranjo.» Traducción del autor. *(N. del T.)*

17. «la casa en silencio, la casa / sin ti, hija mía». *(N. del T.)*

do algún consejo, que lean poesía y que nunca dejen de hacerlo. Por eso me chocó leer en *Nuevas cartas a un joven poeta* que Joan Margarit afirmara lo siguiente: «Para escribir buena poesía conviene haber leído buenas novelas, porque van dejando un sedimento, una especie de retaguardia, un fondo sobre el cual a veces se destacará el primer plano de un poema». ¿Quién tiene razón? ¿Margarit o yo? Estamos hablando de lo mismo, eso es todo. Tal vez podríamos resumir ambos consejos en uno solo: leed, nunca dejéis de leer. O también: leed otros géneros además del que os ha cautivado.

6

Hacer la vista gorda

—Conozco a alguien que ha visto uno.

—Eso es una leyenda.

—Sólo cinco ejemplares de los trescientos llevan la *c* de *cognoscere* en caja alta.

—¿Sólo cinco? Ya deben de estar consumidos por las lepismas.

—El reto te da miedo.

—¿Qué reto?

—Encontrarlo.

—No existe. Leyenda.

—Cobarde. ¡Gustavo es un cagueta!

—Si existiera, lo encontraría, ya lo sabes.

—Un millón de dólares si me traes uno... digamos en tres años.

—Si lo encontrara, me lo quedaría.

—Un millón de dólares sólo por verlo. Y luego haz con él lo que quieras.

—¿A cambio de nada?

—Ajá.

—Jean-Yves...

—Qué.

—¿Por qué lo haces?

—Porque me aburro.

Życie i śmierć Gustawa
(Vida y muerte de Gustavo)
Kuba Koziarz

Cuando un novelista dice que cuenta mentiras, o que escribir una novela es mentir, o cosas así, me enfado mucho. No estoy de acuerdo en absoluto y siempre pienso que lo afirma *pour épater*. No hay nada más alejado de la mentira que el arte. El término *mentira,* tal como lo utilizamos en la vida cotidiana, no funciona aplicado al arte. El novelista inventa un mundo a partir de su imaginación y su experiencia vital, y si se la juega, si es sincero, si es capaz de expresar su interior y, quizá, de hacer que el lector se estremezca, está diciendo grandes verdades, la gran verdad (que no quiere decir la única) que es su manera de entender la vida, la relación entre el arte y la vida y la necesidad de explicarse el porqué de lo que no tiene apenas porqués claros, ya que, si lo fuesen, no le estaríamos dando vueltas a todo. Cuando leemos, y quedamos cautivados por una fuerza indefinible que sobrevuela el texto, somos víctimas del poder del arte. Y esto lo consigue, el poeta o el novelista, con material inventado, con palabras en tensión, con historias y personajes que surgen de su interior. Con «yoes» y «túes» que pueden ser imaginarios, no veo la mentira por ninguna parte.

La verdad en literatura, me contaba hace poco el admirado poeta Carles Miralles, está relacionada con la *compositio*. Al inventar un mundo pones juntos «objetos», «conceptos», «palabras», «situaciones argumentales», y todo ello dentro del *artefacto* artístico tiene sentido, funciona. El texto bien hecho tiene un poder que nos sobrepasa y nos afecta como lectores. Esta es la *verdad* del arte; y como lectores reconocemos el poder del texto que nos atrae porque leemos como algo particular el periplo de los personajes y, si la obra posee aliento suficiente, sacamos de ella conclusiones de universalidad. Para rematarlo, en el capítulo siguiente Schopenhauer nos echará una mano.

Cuando escribo, no pienso en términos de realidad/ficción o real/inventado, sino en términos de coherencia narrativa y coherencia constructiva de los personajes. *Arte* es una palabra emparentada con *artificio*. Las cosas, los afectos, los sentimientos «han de parecer»; y si realmente «parecen», es que literariamente «son». Es una manera muy pedestre de definir la verosimilitud. Y esto no está reñido con el hecho de sentir, vivir, reír y llorar con los personajes.

Ahora bien: a veces el creador puede mentir, o, mejor dicho, mentirse, y si se engaña a sí mismo embauca al lector. Un ejemplo: cuando empezaba a escribir, a finales de los sesenta o comienzos de los setenta (sí, del siglo pasado), un día me encontré escribiendo un cuento en que una madre llevaba en brazos a un hijo que se le había muerto. No supe resistir el dolor que escribía y, sin pedirme permiso, le añadí un «¡Corten, es buena!», y convertí aquella «verdad literaria» en ficción de la ficción: estábamos en un plató, madre e hijo eran actores, eso no pasaba «de verdad» y ya no debía sentirme afectado por ninguna tragedia. Tuve el atrevimiento de publicar el cuento. Después me avergoncé, no tanto del cuento sino de mi cobardía. Porque lo que me daba miedo era emocionarme con lo que escribía. Y, sobre todo, quería evitar que los personajes me salpicasen con su sangre o con sus lágrimas. Cuando fui consciente de mi cobardía empecé, como penitencia, lo que acabó siendo una novela breve, mi primera novela, *Galceran, l'heroi de la guerra negra*, donde el ejercicio que me impuse fue sufrir, sudar, llorar y reír con los personajes. Y si hacía el ridículo, peor para mí, porque querría decir que lo estaba haciendo mal. Lo que en aquellos momentos estaba aprendiendo era que escribir consiste en vivir los personajes como carne de mi carne y jugármela con ellos; si no, tanto esfuerzo no merece la pena. Por eso, con el tiempo, he considerado prudente preguntarme, cuando me encuentro a medias de una novela en la que hay algunos personajes con vida propia, si tengo valor suficiente para convivir con esos personajes diariamente durante tres, cuatro o cinco años. Y también me pregunto si seré capaz de no acobardarme con el destino que les prepare.

Al contrario de lo que sucede con el historiador o con el periodista, el novelista, además de trabajar con datos correctos desde el punto de vista histórico y científico, lo hace con datos que pueden no ser exactos, o que su imaginación puede inventar, pero que deben ser verosímiles y necesarios; la condición para decir que le ha salido bien es que el resultado creativo debe convencer y el lector no lo pone en discusión, porque ese mundo, y la forma de contarlo, se le ha hecho necesario. Por tanto, cuando el lector de una novela entiende y percibe que la historia, los personajes, el estilo y el tono no podrían ser de otra manera que la que son, es muy probable que estemos ante un ejemplo de verdad literaria: el texto no puede ser de ninguna otra manera que así; y si no es así, no es. Lo mismo podemos decir en el caso del poema, del cuento o de cualquier otro texto literario. La verdad literaria es, sobre todo, la coherencia interna del texto, un concepto que no es la verosimilitud pero que está relacionado con ella: la *compositio* de que hablábamos antes. Que tiene que ver con el respeto a la vida interna del texto y a sus leyes. Estas leyes dependen en parte de la tradición acumulada en cada género, y en parte son propuestas inventadas, impuestas por el autor en el texto concreto. No creo que en este contexto que expongo el antónimo de «verdad» sea «mentira». Más adecuado sería «debilidad literaria». Porque la palabra *mentira* la vemos siempre ligada al concepto de engaño, y un texto de calidad justita no necesariamente *quiere* engañar al lector.

Adrià Ardèvol, el protagonista de *Yo confieso*, gasta muchas energías cuando ya es mayor para escribir un ensayo sobre el mal. Pero no le sale. Hasta el punto que decide abandonar la reflexión y *pasarse al relato* para poder decir lo que no sabe decir con la reflexión. Y entonces empieza a escribir los papeles que el lector tiene en las manos. Adrià Ardèvol arranca de aquella afirmación de Adorno sobre la posibilidad de que escribir poesía después de Auschwitz sea un acto de barbarie. Ardèvol cree que no es que la poesía tenga sentido, sino que después de Auschwitz aún será más necesaria. Y lo explica diciendo que las víctimas del Holocausto han muerto, y los verdugos casi todos también. Los testigos más o menos directos con el tiempo también se van yendo, a causa de la acción del tiempo, y Auschwitz queda en manos de los sociólogos y de los historiadores, que pueden darte datos exactos sobre todo lo que esté relacionado con ello. Pero sólo la poesía (el arte) puede hacer que cojas del brazo y acompañes a aquella mujer que el 3 de agosto de 1944 sigue fatalmente la cola de la entrada del edificio de las duchas llevando a un niño en brazos. Y las mujeres que la cuidan, compañeras desconocidas de cinco días de viaje en un vagón sellado y lleno de dolor, la han ayudado a burlar, con un golpe de suerte, la inspección de los soldados, que tenían un montón de trabajo y han tenido que relajar el filtro. Por eso puede llevar al niño en brazos un rato más, y abrazarlo de vez en cuando, y protegerlo del frío inclemente hasta el momento en que ambos, liberados, volarán por la chimenea, el niño todavía en brazos de su madre, camino de las estrellas. Ardèvol no lo cuenta exactamente así, pero viene a expresar lo mismo. A la mujer me la he inventado y ahora os la presento: es Bródy Anna (Hausmann Anna, de soltera), no sabe dónde está Sándor, su marido, y el hijito de quince meses que lleva en brazos se llama Tamás y hace un día y medio que murió.

Ya decía Aristóteles que la historia nos cuenta cómo fue y la «poesía» cómo podría haber sido. Y añado yo: con la «poesía», además, podemos introducirnos en el mundo contado; pero en ningún caso mentimos. Hacer novelas no es dar gato por liebre sino, como mucho, es el arte de saber hacer la vista gorda inventando mundos pero diciendo verdades como puños. Explicando la experiencia de la relación entre personas, algo que el arte puede hacer directamente (y que la ciencia, para no mentir, debe reducir a cifras, datos). Diciendo, en suma, las verdades que dan sentido a la tarea de escribir y leer. ¿Dónde está la mentira? ¿Es mentira decir que Gustau, cuando ha accedido a la autopista y ha puesto gasolina cerca de Tortosa, venía de València con su *chopper*? ¿Qué hacía él en València? A las siete en punto de la tarde, el director de la subasta golpeó con el mazo sobre la madera mientras decía: adjudicado el incunable de Amberes al número sesenta y tres. Gustau, vestido de hombre de negocios elegante de la cabeza a los pies, con su coleta clareada por las nieves del tiempo, bien peinada y recogida, levantó las cejas, esbozó una sonrisa mínima de cortesía y se levantó, mientras en el otro extremo de la sala una mujer, casi una muchacha, fingía que no le interesaban lo más mínimo sus movimientos.

Cuarenta y ocho horas antes, en los despachos del subastador, con las manos enfundadas en guantes finos y vigilado discreta pero férreamente por un miembro del servicio de seguridad, Gustau había podido tener el libro[18] en sus manos, y había comprobado que la cubierta de pergamino era gruesa y abarcaba portada, lomo y contraportada, sin indicación del título del incunable. Cuando lo abrió, el corazón le latía con fuerza; no quería sufrir otro fracaso. Lo hojeó disimulando su impaciencia, y al llegar al libro décimo, vio pasar a Orfeo sin pena, no prestó atención a la desgracia de Cipariso, ni a la de Ganimedes, porque buscaba la triste historia de Mirra; cuando por fin la encontró, leyó con cuidado para

18. *Metamorphoseon* de Ovidio en latín, impreso en octavo y con una cuidada impresión en caracteres góticos. Edición única de trescientos cincuenta ejemplares de la imprenta Fabius Gossaert de Amberes, 1489.

no perderse, llegó al verso que dice «Cum tandem Cinyras auidus Cognoscere amantem», y entonces sí que se le salió el corazón por la boca y tuvo que recogerlo de la mesa antes de que se diera cuenta el de seguridad. ¡*Cognoscere* en caja alta! ¡Existe! Por fin, por fin. Dios mío. *Cognoscere*... ¡Y el idiota de Jean-Yves dejará de aburrirse porque tendrá que pagarme un dineral! Aparentando un desinterés que no sentía, cerró el libro y lo dejó sobre la mesa, toqueteó dos o tres objetos más de la subasta para disimular, y educadamente dio las gracias antes de salir de la sala de examen. Esa noche no durmió, le dijo a Jean-Yves que se verían en Prats de Molló el día tres y que preparara el millón de dólares, y al día siguiente, de punta en blanco, con un litro de tila en las venas, intentó fingir desinterés durante toda la subasta hasta que apareció el libro del tesoro, se dijo que era suyo, pero un idiota de gafas oscuras también lo quería y tuvieron un tira y afloja que acabó cuando el precio se convirtió en imposible para quien no tuviera un amigo que se aburriera mucho y que se llamara Jean-Yves Huteau, y entonces se lo quedó.

Las normas, durante la dictadura, eran un tanto laxas; mientras supieras a quién tenías que untar, las cosas podían marchar con agilidad. Tanta, que al cabo de ocho horas el libro ya estaba en sus manos, y se dispuso a celebrar su adquisición antes de poner rumbo, al día siguiente, a la frontera por un paso que conocía bastante bien y en el que por un módico precio los guardias miraban hacia otro lado.

En el bar de copas, la noche anterior de dirigirse hacia la frontera, la primera sonrisa con la que se topó fue la de aquella mujer, casi una muchacha, que lo incitaba a lo que quisiera. Y él se tragó el anzuelo, bailaron un poco con el vaso en la mano y ella le preguntó qué significaba ese tatuaje de la mano y qué coño de lengua era esa; y él, un poco descontrolado, le respondió que era latín.

—¿Tú sabes latín? —Lo decía por la melena con coleta, la cazadora y los vaqueros con que Gustau se había presentado en el bar.

—Ajá.

—¿Con esta pinta?

—Saber latín no depende de la pinta sino del coco. ¿Vamos a lo nuestro?

—¿A dónde?

—Tengo un escondrijo.

Y fueron tanto a lo suyo, que una vez solos, en la habitación del hotel, él sacó el pequeño incunable del cajón superior de la cómoda y le preguntó ¿para qué quieres esto? ¿Por qué no me quitaste el ojo de encima en la sala de subastas?

—¿Yo? ¿En qué sala?

—¿Para quién trabajas?

La mujer, casi una muchacha, se quedó con la boca abierta y dijo... No, no dijo nada. Él, desnudándola sin miramientos, encerrándola en el baño, vaciándole el bolso, quedándose con su documentación, no pensando que había dejado un rastro en las llamadas telefónicas hechas desde el hotel, y buscando, buscando, hasta que, al revisar la ropa de la chica, percibió un bultito en sus bragas y descubrió la ampolla, entró en el baño y le dijo te la tomarás tú, ¿verdad, princesa? Y tuvieron una noche casta y en paz porque al día siguiente, con su *chopper*, tenía que recorrer un montón de kilómetros camino del paso fronterizo elegido y del millón de dólares.

7

Una línea perdurable

Dice Borges que cada obra le confía a su escritor la forma que ha de tener: verso, prosa, estilo rico o llano; extensa, breve... Y cada vez que escribe, el escritor confía en que algún día, que él no sabe cuándo será, escribirá al menos una línea perdurable. Tal vez por eso no deja nunca de escribir. Aunque luego lo niegue, por timidez o por coquetería.

Ahora, mientras escribía para poner orden en pensamientos dispersos, me ha venido a la cabeza la frase de Rilke que he citado en más de una ocasión: «Las obras de arte son soledades infinitas, y con lo que menos se pueden tocar es con la crítica. Sólo el amor las puede comprender, celebrar y hacerles justicia». Pero para haber llegado hasta aquí, el creador tiene que haber entendido que el itinerario que debe recorrer es hacia sí mismo. Ha de ser capaz, escribiendo, de poder mirarse a los ojos y explicarse a sí mismo con los elementos que va descubriendo sobre la mesa mientras escribe; mientras *se* escribe. Porque cada obra le revela a su autor la forma que quiere ocupar, el género al que pertenece, la extensión, el tiempo, el tono que le conviene. Y el escritor ha de tener sensibilidad suficiente para reconocer las señales, los rastros que la obra va dejando para dejarse cazar. Es la única manera que conozco de intentar escribir al menos una línea razonablemente perdurable.

Escribimos por muchas razones, la mayoría inconfesables, o ignoradas por nosotros mismos. Pero la ambición profunda nos lleva a pensar que al menos una línea, al menos un verso, al menos un hemistiquio, algún retazo de nuestro escrito resistirá al silencio de la muerte. Lo reconozco: la lucha no es contra la propia vanidad, sino contra la muerte. Y es posible que por eso el escritor jamás pueda dejar de escribir. La fatalidad es que nunca sabré cuál será esa frase que me sobrevivirá; y, lo que es más cruel, me extinguiré sin tener la certeza de haberla escrito.

Un planteamiento de este tipo, que supongo habitual entre los escritores, por más que muchos aparenten que no les incumbe, únicamente puede hacerse y aceptarse desde la soledad exigida por Rilke: no puede llevarse a cabo con altavoces, testigos o prensa gráfica. Sobre todo cuando acabas entendiendo que la obra de arte es el enigma que ninguna razón puede dominar. El enigma, lo inexplicable. La obra de arte se puede racionalizar y diseccionar para conocerla mejor; para poder explicarla con más garantías; incluso para poder comprenderla intelectualmente. Pero quien pretenda captar su alma sólo debe leerla. O escucharla, o contemplarla, dependiendo de cada arte. Pero siempre con la intención de hacerla suya. Nos hallamos en el reino de las incertidumbres.

A veces he oído decir que para ser escritor es necesario haber viajado mucho, haber conocido mucho mundo, a mucha gente, y estar en buena relación con la inspiración. Estas son condiciones, con un cierto toque de glamour, que le van bien tanto al escritor como a cualquier ciudadano, y que incluso van bien para la salud; pero no son esenciales para lo que nos ocupa. De entrada, descartemos la última condición: la inspiración no es amiga, sino que hay que salir a cazarla. Por lo menos, cuando era joven, cuando empezaba a escribir, cogía mi escopeta y mi zurrón y salía a atraparla. Con el tiempo he acabado por desentenderme de ella, porque dudo de su existencia; creo que la inspiración no es nada, que no existe, que es una falacia. Un día las cosas fluyen mejor, y otro te salen mal. Es lo máximo que puedo decir de esta madama, tras muchos años de querer establecer, sin éxito, una conexión con ella.

Para ser escritor se necesitan cuatro o cinco capacidades como máximo: una sería saber ponerte en la piel del otro. Tener curiosidad. Es imaginar al otro e imaginarse a uno mismo en circunstancias distintas; es imaginarse al otro en tus circunstancias. Escribir es mirar al otro y querer entenderlo desde tus circunstancias, que no son las suyas. El escritor es la mirada del otro. Si tienes la capacidad de inventarte un personaje es porque eres capaz de ponerte en su piel y ver el mundo como lo haría él; y debes saber indagar que haría «él» —y no tú— en las circunstancias en que lo sitúas. Y digo «él», con comillas, porque, tras unos días de trabajo, el personaje «existe», es un «tú», un «él» concreto que quizá no tiene nombre todavía, pero sí presencia. Sería el punto de vista interiorizado. A menudo, el punto de vista te marca el desarrollo argumental, y el escritor debe tener siempre la capacidad de saber desde dónde mira. Pensad en la historia de la cólera de Aniol y el cambio de punto de vista que hacíamos para jugar un poco. Un punto de vista falso o equivocado puede desestabilizar la verosimilitud del relato. Y, al contrario, un punto de vista inesperado y que entusiasme puede justificar toda una historia. Otra capacidad es la de saber mirarlo y valorarlo todo desde diferentes lugares, diferentes desarrollos cronológicos y diversos puntos de vista materiales, ya que estás creando un mundo concreto, y siempre debes tener presente desde dónde observas al personaje, la acción, ese mundo que te estás inventando y su marco temporal. Con esto me refiero a algo más global que el punto de vista: estoy pensando en la *mirada* que tiene el autor sobre el mundo que crea: esta mirada determinará, aunque no lo sepa, el género. Si miramos a los personajes como a hormigas, podemos estar cerca de la comedia o de la farsa grotesca; si lo miramos de abajo arriba, el personaje se nos convierte en el héroe inalcanzable, apto para una tragedia; si lo miramos de hito en hito, a nuestro nivel, tal vez será humano y ganará en intensidad dramática. Es que una novela es una mirada a la vida, a las vidas, al paso del tiempo, desde diversos lugares que debes poder visualizar para hacerlos creíbles. No es lo mismo una mirada desde la azotea que a ras de suelo. O una mirada desde el ayer que desde el futuro. No es lo mismo describir al personaje desde dentro que desde fuera o desde otro personaje. Una novela, teniendo en cuenta los puntos de vista interior y exterior, es una mirada inexacta, pero expresiva y empática, a la vida. Es pedirle explicaciones a la vida.

Decía que para ser escritor hacen falta unas cuantas capacidades; aún podemos añadir otra: es necesario un amor insobornable por la lengua, que quiere decir que el estilo te lo justifica todo. Si no hay conciencia estilística es imposible hacer literatura: el lenguaje literario existe justamente si hay intención de que la haya. El lenguaje literario está basado en la manipulación expresiva; la manipulación del lenguaje, en el sentido material, fónico (aliteraciones, ritmo...), y también en el abstracto, del significado (sinestesias, metáforas, metonimias y otros artefactos estilísticos de significado). Pero también es necesaria una chispa mágica que no sabría definir. Para entendernos, hace falta querer aproximarse a Verdaguer: hace falta saber empaparse del genio de la lengua. Es tan importante entender el poder de la lengua y tener consciencia de estilo, que a veces pienso que el escritor se inventa historias, nudos narrativos, desenlaces, mundos, personajes... sólo para poder emplear sus recursos de estilo. ¡Qué grande! ¡Tenía ganas de usar esa metonimia, y por eso ha escrito una novela! Quiero decir que hay que estar un poco loco, y que esta sería otra capacidad que, a mi parecer, el escritor debe tener para salir adelante. Si consideramos loco a aquel que actúa de forma diferente y no acaba de saber por qué. No le importa pasarse horas escribiendo, y convertir este pasarse horas escribiendo en una forma de vivir, porque ni le teme al trabajo ni le da miedo aprender de forma constante. Y sabe reescribir muchas veces un párrafo que el lector acaso lea una sola vez, y de manera distraída. Este tipo de locura te conduce a una actitud que creo que es también esencial: hay que buscar el genio, lo *genuino* de la lengua, su cualidad proteica, la forma en que se le pegan los neologismos que la evolución de la vida nos regala... Y todo eso lo hacemos a través de la lectura, que para el escritor es una actividad esencial. Leer, estar sediento de cultura, es entrar en otras vidas y adquirir, poco a poco, la capacidad de ser comprensivo contigo y con los demás. Y, entonces, sucede eso de que, cuando te preguntan por qué escribes, sólo sabes responder que porque te resulta imposible no hacerlo. Y lo dices con resignación, porque si bien es una respuesta exacta, es poco rigurosa. Y sobre todo poco épica: emprendes largos viajes, conoces a muchísima gente, pero sin moverte de la mesa desde donde escribes. Poco glamour y mucho trabajo, puesto que hacer arte, para mí, *sólo* consiste en mirar las mismas cosas con otros ojos.

Es tan relativo lo que acabo de escribir... ¿Condiciones? ¡Quién soy yo para establecer las condiciones para ser escritor, si resulta que somos escritores por casualidad y por fatalidad! Lo que acabo de exponer puede parecer razonable, pero probablemente es innecesario; porque basta con tener voluntad de escribir, basta con morirse de ganas y tener paciencia para aprender línea a línea, con capacidad de admiración hacia lo que lees y capacidad de autocrítica hacia lo escribes; y, sobre todo, como dice Joan Margarit, coraje para seguir escribiendo después de haber leído a Tolstoi, Homero, Foix, Dante y Shakespeare, por nombrar sólo a unos cuantos.

Si lo miramos fríamente, las horas que el escritor gasta cada día para satisfacer su deseo o su necesidad inexplicable de escribir, al fin y al cabo son para hacer algo que, aparentemente, no sirve para nada. En palabras de Narcís Comadira, la literatura no es historia ni nacional ni global; no es comunicación, ni publicidad, ni difusión de una ideología; ni es el territorio de la relación entre personas: es el territorio de la formalización máxima del lenguaje. La literatura convierte el lenguaje en una herramienta de transformación y alteración de nuestro interior intelectual y sentimental. La literatura sacude nuestra esencia más profunda. Por eso, dice Comadira, quien tiene miedo a lo desconocido teme a la literatura y rechaza la lectura, no vaya a ser que le guste.

Escribir es emprender un viaje hacia el interior de uno mismo. Se trata de un itinerario hacia el propio interior con el cual invitas al lector a emprender un viaje similar. Porque escribir no te deja indiferente. A mí me afecta cada línea que escribo y cada determinación argumental que tomo. Y cada decisión estilística. De la misma manera, cada verso o cada línea que leo me afectan de manera global. La escritura y la lectura no te garantizan la impunidad; todo lo contrario, dejan al descubierto nuestra faceta más vulnerable: la de las seguridades e inseguridades de nuestros sentimientos y de las grandes líneas que creemos imborrables y que trazan el camino de nuestra vida. Los lectores somos como los lichis, como nos recuerda Abrams:

LITCHI-NUTS[19]
So much like us:
the brittle shell,
a coat of spikes,
to shield the tender
fragrant flesh
from heartless blows
and avid hands.

LICHIS
Se nos parecen tanto: / la cáscara frágil, / un abrigo de
espinas, / para proteger la carne / tierna y fragante /
de los golpes crueles / y las manos ávidas.

Somos como los lichis, sí. Pero a menudo aparen-
tamos que nada nos afecta, hasta que un día nos to-
pamos con el poema que nos deja sin defensas.

Quieras que no (y ahora, como había advertido, re-
futaré alguna afirmación que he proclamado antes
con demasiado énfasis), si escribes, es también por
el afán de entender este mundo. Una de las razones de ser del arte es rascar en la apariencia de la
realidad para descubrir la realidad profunda más
allá de la capa externa. Tal vez nadie sepa qué
quiere decir lo que acabo de enunciar. Pero mucha
gente intuirá que es cierto. Creer en el arte es un
acto de fe. Por tanto, aquello que decía Duchamp,

19. En *Calculations,* D. Sam Abrams, Óssa Menor, Proa,
Barcelona, 1997. Traducción de Francesc Parcerisas. Edición
bilingüe inglés-catalán.

que era agnóstico en arte, tiene más sentido de lo que él preveía.

Una novela extrae de la vida lo que es particular y lo trabaja y escenifica en su especificidad, en su individualidad. Pero si el autor es suficientemente hábil, produce en el lector una sensación de globalidad, de totalidad, aunque se ocupe sólo de lo particular. En el fondo, la novela trata de eso que persiste siempre y en todas partes. Como sucede en cualquier arte. Por eso una buena novela puede interesar a cualquier lector de cualquier parte del mundo. Esto es, más o menos, y mejor dicho, lo que afirma Schopenhauer, y yo lo he ejemplificado en el capítulo anterior cuando me refería a la muerte de Bródy Tamás.

Entiendo que buscar la realidad profunda es el arte de presentar una realidad (unos personajes, su mundo y una evolución narrativa) y sólo el lector despierto se da cuenta de que estos personajes, mundos y narración sirven para deslumbrarlo e interesarlo en esas páginas; pero, en el fondo, el novelista le está contando sus manías. El lector lo capta de manera racional o intuitiva, sin que nadie, ni narrador ni personajes, lo haya expresado en ningún momento. Si el novelista cayera en la trampa de explicitarlo, la misma evidencia rompería la magia que eventualmente hubiera conseguido crear. El novelista aspira a que al lector le quede la comezón que él ha sentido después de haber leído una novela que lo ha conmocionado. Y esto sucede en cualquier arte. Como también sucede que el *evidentismo*, en lo que se refiere a intenciones e información, es el gran enemigo de cualquier obra de arte.

¿La realidad cambia constantemente? No lo tengo claro. Cambian las circunstancias, pero la persona es igual que en la época homérica. En aquellos tiempos no había móviles, ni macdonalds, ni agentes de seguros. Pero había envidia, amor, orgullo, generosidad, cobardía. Si no, no podríamos interesarnos hoy por la lectura de un mundo desconocido que ya no existe. Si no, no podríamos escribir un relato situado en el siglo XXIV, cuando los desplazamientos se producirán, gracias a los nuevos vehículos, instantáneamente, y no con aviones que vuelan como tortugas. Porque en esos vehículos instantáneos sigue habiendo odio, envidia, amor, generosidad. Y un personaje como Gustau, del que no sabemos exactamente en qué año se sitúa su acción,[20] aunque es de la época actual, puede tener alguna singularidad que arranca de alguna cicatriz que se le ha convertido en obsesión. Estamos en un cuento y sólo hace falta indicarlo diciendo, en cualquier lugar, como de paso, que es un coleccionista de ediciones de todo tipo, de cualquier época, relacionadas con el mito de Mirra. La figura de la mujer que, sintiéndose culpable por ha-

20.   Alerta: a estas alturas, y después de diversas reescrituras de las que espero no quede mucho rastro, ya he decidido que Gustau vive este episodio al final del régimen franquista, cuando era fácil comprar a la gente (¿ahora no?, me pregunto) y cuando no había teléfonos móviles cuya existencia y presencia dificultarían la verosimilitud de algunas escenas. Y como me he encaprichado de la autopista para que ruede la *chopper*, tiene que ser de cuando la autopista vertebral que ahora une La Junquera con Alacant aún estaba construida a tramos pero ya existía, por lo menos desde Hospitalet de l'Infant hacia el norte.

berse acostado con su padre, se declara indigna de vivir e indigna de morir, lo tiene fascinado hasta el punto de que su colección se compone de setecientos ochenta ejemplares, de los cuales más de cien son ediciones en lenguas diversas de las *Metamorfosis* de Ovidio, como en el caso del incunable de Amberes. Pero también tiene historias de Mirra, a veces llamada Esmirna, y evocaciones de Cíniras y del fruto del incesto, Adonis, todas ellas de procedencia muy variada. Gustau le dedica su vida porque ya la tiene resuelta, porque a veces se aburre (no tanto como Jean-Yves Huteau) y porque le maravilla la resignación de Mirra, que, no siendo digna ni de la vida ni de la muerte, cuando ya ha dado a luz, se deja convertir en un árbol, prisionera con raíces, recubierta de corteza. Cuando Mirra llora su desdicha, las lágrimas que supuran del árbol como una resina son ese perfume tan poderoso que ha tomado el nombre de la mujer desgraciada. Muy bonito, esto de la fascinación de Gustau por un mito que lo convierte, aunque no tenga conciencia de ello o le dé igual, en una autoridad mundial en el tema. Pero la obsesión por este mito concreto le viene de una herida más antigua que nunca diremos, porque es tarea del lector imaginarla, suponerla y aplicársela, si conviene con alguna duda, al personaje.[21] Algo que el narrador aprende

21. Lo que habéis leído, escrito mucho antes que la nota a pie de página que ahora redacto, no está tan claro. Es evidente que «hacer crecer a los personajes en densidad humana», como he avisado un poco impostadamente hace unos capítulos, supone dar datos sobre las cicatrices de los personajes. Pero el caso es que, después de la solución inesperada que he

es a saber muchas más cosas de los personajes que las que muestra en el texto. El personaje es un iceberg que sólo enseña una mínima parte de su personalidad. El novelista debe conocer la parte oculta (la que está siempre bajo el agua) y aquí, ahora, hemos aportado algún detalle; el lector sólo tiene que intuirlo, y a lo largo de la lectura puede ir haciendo deducciones y descubrimientos parciales. Y aunque no sea estrictamente necesario, no puedo resistirme a dar una información que Jean-Yves Huteau le ofreció a Gustau cuando cerraron el trato del millón de dólares, algo que más adelante, ya fuera de nuestro relato, llevó a los herederos del millonario, básicamente la rama Huteau-Hogstrand, a declararlo legalmente loco porque dilapidaba su herencia con caprichos como el de comprar islas griegas porque se aburría (se ve que el millón de Gustau era *peccata minuta*). Pues lo que le contó, después de reírse un poco de su afán por coleccionar libros que hablaran de Mirra, era que sabía de buena tinta que fue Bob Root, el aprendiz, el que cerró esa página, y hasta que no imprimió la segunda o tercera no se oyó el grito de espanto de maese Fabius, el perfeccionista, que, como solía, repasaba el resultado con afán febril, y que, saltándose todas las normas laborales inexistentes, después del

---

encontrado para dejar intocada la mayúscula de *Cognoscere*, el personaje de Gustau ya no necesita tener ninguna relación oscura con el tabú del incesto, y ni siquiera le haría falta ser coleccionista de nada, sino, simplemente, aventurero. Pero también me he enamorado del contraste que supone su estética *motard* y la cultura que lo arropa; por tanto, por lo menos de momento, no renuncio a su faceta de coleccionista.

chillido dijo ojalá el demonio te empale con la escoba con que finges que barres el taller, miserable estúpido. ¿No os he dicho que andamos mal de papel? ¿Eh? ¿Os lo he dicho o no? —mirando fijamente al resto del personal, que tenía los ojos clavados en el suelo por si acaso—. ¿Eh? ¿Sí o no? —Al pobre Bob—: Y vas y me colocas un *Cognoscere* en caja alta inicial. ¡El mango de la escoba tendría que ser de hierro al rojo vivo, estúpido hijo de puta! Y todo el mundo, ante la perspectiva de probar la escoba previamente tuneada,[22] se calló. Se trataba de cinco estampaciones dobladas en octavos, un montón de páginas que no se podían tirar de ninguna manera. Le ordenó al culpable que se ensuciara las manos y enmendara el error, y conminó a todos los presentes a que no hablasen con nadie si no querían probar la escoba. Y aún añadió, a ti, miserable, no te parieron, te cagaron. E inmediatamente esbozó una sonrisa aduladora porque le habían abierto la puerta a un caballero que al parecer tenía intención de entrar en el taller-librería de Fabius Gosaert, vete a saber si para hacerle un buen encargo.

Y aún me vienen ganas de contar la historia de la hija del maestro impresor de Amberes, pero sería pasarme de rosca porque no aporta nada ni enrique-

22. Palabra inadmisible por anacrónica en la época de la historia y que, aunque la diga el narrador, puede romper la atmósfera. Aunque si tengo en cuenta que una *chopper* participa de la idea del *tunning*... la mantengo; con dudas, pero la mantengo. Por razones de verosimilitud, quien no podría usar jamás la palabra sería maese Fabius; pero el narrador tiene más margen.

ce a nuestro protagonista, Gustau, ni a los personajes que lo rodean. Pero debo reconocer que he tenido la tentación, porque Magdalena Gosaert... En fin, que tenemos que dejarlo por respeto al lector de estos papeles.

Volviendo a nuestros personajes, sería un desastre decirlo todo de su vida, no dejar espacio al misterio, a la implicación emocional del lector, a las zonas oscuras intuidas vagamente pero nunca verificadas. Porque la realidad es compleja y llena de zonas ignoradas. Y nunca es lo que aparenta. Las cosas no son jamás lo que parecen. Por eso existe el arte. Precisamente por eso alguien tiene una historia para contar y el lector un interés en leerla. Justamente, la diferencia entre la visión artística y la neutra radica en el hecho de que el artista establece un combate con la apariencia. Y si perdura alguna línea escrita por un autor, estoy seguro de que es porque ese autor, quien sea, ha sabido horadar la realidad con una perforadora y, en lugar de un previsible chorro de petróleo, ha extraído a los treinta y cinco mineros chilenos sepultados, cada uno con sus historias, anhelos, miedos, futuro y capacidad de egoísmo y de heroísmo.

8

El momento culminante

Con frecuencia digo que cuando empiezo una obra parto de cero. Esto es cierto: dramáticamente cierto, porque tengo que imponerme a la sensación de pequeñez ante la nada, armado únicamente con mis propias ganas de escribir por encima de todo, pase lo que pase. Pero, al mismo tiempo, afirmar que parto de cero es falso, o mejor dicho, no es del todo cierto, porque parto, aunque no me lo parezca, de mucho trabajo previo: la lengua que me han transmitido, mis lecturas, la tradición propia y la universal (quiero seguir escribiendo a pesar de haber leído a los grandes clásicos) y, aunque sea a una escala más modesta pero esencial para mí, parto de mi propia obra escrita, publicada y, en muchos casos, estudiada y comentada. Y todavía más: parto de la canalización que supone la elección del género,[23] que revierte en el resto de «ayudas» ya citadas (los clásicos, la tradición, las lecturas, el resto de mis obras...). Por lo tan-

23. A menudo, sin embargo, parto de una cierta indeterminación genérica: empiezo una historia que no sé si acabará siendo un cuento, una *nouvelle* o una novela. No obstante, es cierto que ya he decidido que eso no será un poema.

to, debo reconocer que no parto de cero. Pero... *eppur si muove*.

El punto culminante de todo el proceso que empieza con este cero es cuando te descubres escribiendo. Es el momento de soledad, como en todas las horas perdidas en dudas y probaturas. Ahora, por lo menos, la máquina se echa a andar hacia no sé dónde, pero todo se desplaza y con el movimiento pueden llegar los descubrimientos, las sorpresas, los silencios y la pizca de suerte que siempre esperas que asome la nariz por la primera esquina. El momento de la escritura, el instante de felicidad infinita en que las palabras, transformadas en cosas, se diluyen en historias; las palabras se convierten en mundo y rescatan a los muertos y, a menudo, asistes embobado, mientras escribes, a descubrimientos de líneas narrativas ignoradas antes de ponerte a escribirlas; el momento crítico durante el cual, a veces, todo fluye y los distintos hilos se unen, se trenzan y forman un tejido. No sabes si eso que escribes es definitivo, pero sabes que lo repasarás cien veces, releyendo el sentido de cada palabra, retocándolo, cambiándolo, planteando las pausas, porque empiezas a adivinar que ese texto tiene una música que has de saber captar y respetar. Quitas, pones palabras, las cambias de orden, buscando siempre la coherencia del mundo, el olor del estilo, la idoneidad del tono respecto de lo que cuentas. Es en este momento de escribir cuando se te compone una historia que quizá no conocías, o que, si sabías algo de ella, lo tenías sólo en la cabeza o en esquemas precipitados, como simples posibilidades. Y es el momento de hacerte preguntas sobre el tono. Son las preguntas fundamentales para acertar con el conjunto. Empiezas a conocer la historia, a prever su evolución, y puedes sospechar su final. Tal vez dejas pasar unos meses de escritura, para asegurar que tienes más mundo. Las páginas acumuladas te van apiñando sobre la mesa personajes inesperados, encrucijadas de historias imprevistas, sorpresas narrativas, desenlaces parciales, enlaces insólitos entre fragmentos, confirmación de intuiciones, espacios previstos o no, cambios en los personajes y en el paso del tiempo... Cuanto más abulta este mundo escrito, más urgente se te hace responderte a la pregunta sobre el tono: ahora que empiezo a vislumbrar la historia que quiero contar (pese a que quizá todavía ignoro la razón que me ha llevado a escribirla), me pregunto cuál es la mejor manera de contarla. Alguien puede decir que si ya la estás escribiendo, por qué te preguntas cómo debes hacerlo. Es precisamente, pienso yo, cuando la estás escribiendo, cuando puedes hacerte esta pregunta, y que esta tenga una respuesta siquiera parcial. Una misma historia, escrita de una manera o de otra, da como resultado dos novelas diferentes. Las posibilidades son mareantes, pero tú has de tener el toque de locura para pensar que serás capaz de encontrar *la única manera idónea de contarla*.

En un ejemplo muy simplificador de lo que estoy diciendo, a veces, hablando de estas cosas me he inventado a un farmacéutico. El hombre elabora un preparado y añade por error un veneno muy poderoso. Lo que pase a partir de esta situación inicial dependerá de cómo lo cuente. Una de las primeras decisiones que tomas es, seguramente, desde qué personaje se cuenta la historia (al margen de que el narrador sea omnisciente o no). Dicho de otra manera, la historia es: «Había una vez un farmacéutico que se equivocó fatalmente», o «Todo empezó cuando Sandra entró en la farmacia de la esquina porque era la única de guardia y dejó la receta sobre el mostrador». Son dos novelas distintas. Y aún podemos imaginar algunas más. En el primer ejemplo, entenderemos que cuando el farmacéutico se da cuenta del error le queda por resolver una buena papeleta. Puede avisar rápidamente y asumir el error o puede intentar esconder o destruir pruebas y mirar hacia otro lado mientras lo consume la mala conciencia y nosotros sufrimos con él, como si fuéramos Dostoievski. Pero si estamos contando la historia de Sandra, que ha decidido entrar en esa farmacia, podemos poner el grito en el cielo y preguntarnos por qué caray no se le ha ocurrido esperar a mañana, si total... Al día siguiente habría comprado el preparado en su farmacia de confianza y se habría ahorrado ese horror... Podríamos estar, haciendo honor al nombre que me he inventado, en una de las previsibles películas de Sandra Bullock. Y si lo que hacemos es seguir los indicios que descubre un detective avispado, quizá nos encontraríamos en el mundo de las novelas de Ross Macdonald. ¡Y sólo hemos hablado del punto de vista desde el que contamos la historia! Pero es uno de los elementos fundamentales a la hora de conformar el tono. Aunque también podemos hacernos preguntas sobre la presencia y el tipo de narrador, o sobre el estilo: sobre el color de la prosa, sobre la longitud de las frases, el papel de los diálogos y su relación con el texto didascálico; sobre los registros lingüísticos y los niveles del habla; sobre el tiempo del discurso y el uso de los efectos narrativos para alargar la espera de la solución de los momentos culminantes o, al contrario, para verterlos de manera inesperada. Cada decisión que tomamos convierte la historia en un relato diferente, porque un relato es (entre muchas otras cosas) la evolución de un personaje. Un relato es lo que se encuentra entre la situación inicial y la situación final de los personajes. Entre todos nos han contado una historia concretada en hechos y hemos vivido (esto es lo más importante) el efecto de esta historia en los personajes. Nosotros, lectores, «hemos vivido» el efecto de la historia en los personajes porque, para que marche bien, también nos ha afectado a nosotros. A veces cuesta mucho atinar, acertar con la manera de contar una historia. El cuento más breve de *Viaje de invierno*, un relato titulado «Balada», y que en formato de libro impreso ocupa poco más de cuatro páginas, me costó muchísimo. No daba con el tono, con la manera de contarlo. En realidad, lo tuve en el cajón durante años, ¡casi veinte!, y de vez en cuando lo releía y, a pesar de que sabía qué era lo que me impedía hacerlo trizas y abandonarlo, era incapaz de averiguar por qué razón no podía darlo por bueno. Yo había escrito un cuento que empezaba diciendo: «Había una vez un chico con pocas luces que vivía con su madre, en el pequeño pueblo de X». Y, pese a que el argumento estaba bastante bien, no había manera de hacerlo mío del todo. Pasó mucho tiempo, demasiado, hasta que me hice la pregunta que debes hacerte en momentos de desorientación y que, misterios de la vida, siempre olvidas hacerte precisamente cuando estás desorientado. La pregunta es: «En el fondo, ¿de qué quieres hablar?». En la respuesta, si la hallaba, se encontraba implícita la razón por la cual no había abandonado ese cuento. Hasta que no me di cuenta de que lo que quería no era hablar de lo que sentía el chico, sino del dolor de la madre, no entendí que el cuento no era: «Había una vez un chico con pocas luces que vivía con su madre», sino que el enfoque, el arranque y, por tanto, el punto de vista, tenía que ser: «Había una vez una mujer que tenía un hijo con pocas luces». Con esta nueva mirada pude reescribir esa historia y, a causa del tiempo transcurrido, la ambienté en los conflictos de los Balcanes, algo que no sucedía en las primeras redacciones. ¿Veinte años para darme cuenta de algo tan simple? Probablemente fueron veinte años para madurar y valorar cuál era la *novela interior* que vivían los personajes. Con el tiempo he aprendido que la historia que se desarrolla en un relato es sólo un argumento. La novela de verdad siempre va por dentro, sin ser explicitada; es la que me afecta cuando la escribo y la que afecta al lector, si es que lo que hemos escrito tiene la capacidad de afectar a alguien. Vaya, que esta es, seguramente, la razón no reconocida por la que escribimos, ya que cuando lo hemos vivido como lectores nos hemos sentido transformados.

Si no hemos sabido dotar de vida al relato que componemos, podríamos decir que hemos fracasado, y si tenemos la capacidad de darnos cuenta de eso debemos empezar de nuevo, seguramente de cero. Pero con una ventaja: conocemos a los personajes porque hemos convivido con ellos; y conocemos las cicatrices que arrastran de su vida anterior cuando entran en nuestro relato, así como cuáles de las heridas que sufrirán a lo largo de la historia son irrenunciables para nosotros. Cuando hablo de heridas y de cicatrices, y lo he hecho unas cuantas veces, no tengo ninguna intención de componer un tratado de medicina; y ni siquiera hablo de penas y sufrimientos. Hablo de afectaciones tristes o alegres en el interior del individuo personaje.

Estas y muchas otras decisiones, que son mayoritariamente de tono, nos hacen comprender que cualquier situación argumental, por ejemplo el error de nuestro farmacéutico, se puede presentar como un drama o, si sabemos tensarla, se nos puede convertir en una comedia; depende únicamente de cómo sepamos mover las piezas que hay que mover, de cómo *miremos* a los personajes. Sin desplazarnos del ramo de los venenos, y disculpad la diferencia de calidad entre las dos obras, podemos transitar de *Madame Bovary* a *Arsénico por compasión*. Depende de la mirada.

Ahora bien: escribir comporta consecuencias para el escritor, rasguños, secuelas. Para escribir debes fabricarte tu propio silencio, tanto personal como ambiental. El silencio personal es absolutamente necesario: la vida nos provoca muchos ruidos anímicos y creo que uno de los ejercicios importantes de un escritor, precisamente, es el de saber ser una especie de asceta que se retira del mundo durante unas horas, días o meses, sin dejar de estar en él. Es esa época en que se te ponen los ojos vidriosos y en que cuando vas por la calle no te das cuenta de casi nada excepto de lo imprescindible para no hacerte daño. Vives en otro mundo que, físicamente, se encuentra en el refugio en que escribes de manera material, pero que llevas dentro y que hace que todo lo demás, lo que suele conocerse como mundo real, quede ligeramente alejado y con sordina. Supongo que esta sensación se explica porque estás descubriendo un mundo nuevo que, a medida que crece, va tirando de ti y te exige mayor dedicación y concentración. Como le pasaba a James Thurber, cuyo hijo se lo quedó mirando un día, mientras estaban cenando, y dijo alarmado: «¡Mamá! ¡Papá pone cara de enfermo!». Y su madre, mientras le servía más macarrones tranquilizadores en el plato, le respondió: «No está enfermo, hijo, es que está escribiendo».

Sin el silencio personal, son tantos los estímulos que dispersan nuestra concentración, que no podríamos perseverar en la creación de un relato. El problema de escribir es que no todo queda acabado en una sola sesión de trabajo, por larga que sea. Estás condenado a llevar encima lo que está a medias, ya que cuando empieza a tener ya personalidad propia va creciendo por sí mismo en más aspectos de los que podemos imaginarnos. Este silencio personal no supone renunciar a las lecturas (por lo menos en mi caso), sino, si acaso, leer de manera distinta, de tal forma que lo que lees (y las conversaciones que mantienes y cualquier otra actividad) se relaciona fatalmente con el mundo que estás fabricando, como si todo en la vida quisiera concentrarse en la novela en gestación. Y cuando retornas físicamente a la escritura, viertes en ella lo que ha crecido en ti, con mucha frecuencia de forma inconsciente. Adaptando el pensamiento de Mallarmé que ya hemos citado, yo diría que «Tout, au monde, existe pour aboutir à *ton livre*.»

Y en el momento de escribir también te hace falta un silencio físico, elegido según tu estado anímico. Ya sé que esto va como va y que, por más férrea voluntad que le pongamos, no podemos dominar ni los gustos musicales ni la sordera de nuestros vecinos de patio de luces, ni los televisores a un volumen exagerado, o la circulación viaria que no tiene piedad de quien necesita concentrarse dentro de casa... Es mejor no hacerse mala sangre y saber convivir con todo ello; pero el aislamiento es necesario. Yo soy incapaz de escribir en un lugar público donde oigo retazos de conversaciones de la gente que pasa y donde músicas no pedidas ni deseadas, incluso odiadas, invaden tu intimidad. Y lo que más desearías en la vida es poder regresar al lugar donde escribes, donde los personajes se te hacen presentes con naturalidad; donde las palabras fluyen —más o menos, según el día— y se incrustan en la historia, en la vida de los personajes y en la atmósfera que estás queriendo construir. Sabes que a una sesión le seguirá otra, y que al cabo de mucho tiempo tendrás una familiaridad con los elementos argumentales, con las historias que no hace falta contar, con ese subtexto que, a pesar de no explicitarlo, emerge con esa discreción que acostumbra y se convierte en la esencia, en la base de la verdadera historia que estás narrando.

Preservar los silencios es esencial para llevar a buen puerto una gestación que es siempre lenta; aunque haya gente a la que no le guste este distanciamiento relativo que adopta el que escribe respecto de todas las cosas, no puedes dejar de actuar así. Forma parte de tu trabajo. Y cuanto más profesionalizas tu vida de escritor, más te das cuenta de las muchísimas horas que has pasado aislado de todo, excepto de tus sueños, trabajando en el silencio buscado. He pasado y paso tantas horas en mi lugar de trabajo, desde que empecé hace más de cuarenta años, que estoy seguro de que mi estudio es el espacio que más ha sufrido y sufrirá mi presencia. Tengo muy claro que una de las luchas en que no puedes claudicar es la preservación del espacio personal y de esas horas que arañas a la vida cotidiana. O lo haces así, o caes en la inmensa trampa de considerarte imprescindible; si eso sucede, has dejado de ser escritor y te has convertido en representante de ti mismo. Si no puedes ser ermitaño, no intentes ser escritor, porque sufrirás. Porque no todo es lo que con una cierta dosis de firmeza puedes superar. A veces la vida, por momentos, te hace contactar con el hombre de Porlock en el momento preciso para que sea de Porlock, y contra eso y sus efectos no existe ningún remedio.

Son muchas las horas que te pasas escribiendo y, sobre todo, reescribiendo. La reescritura es un fenómeno curioso. Si lo que haces es corregir un texto, no reescribes, pasas de puntillas por allí y de vez en cuando reordenas, eliminas o añades algún elemento. Reescribir quiere decir pensar que esa es la escena que quieres pero que debes replantearla desde cero, porque cuando la relees te das cuenta de que no te atrae, lo cual está muy relacionado con lo que decía unas páginas antes acerca de la búsqueda del tono. Replantear desde cero quiere decir volver a escribir sin copiar, recordando pero buscando una nueva forma de decirlo, entrando por otra puerta, quizá por la ventana, empezando con un pie de diálogo o adoptando un punto de vista impensable... La reescritura forma parte del trabajo y a menudo depara sorpresas, porque lo que no podías sospechar cuando escribías una escena por primera vez se te revela como absolutamente necesario en la reescritura y te haces cruces por no haberlo pensado antes. Tiene un toque de magia. Y cuando, a punto de darle una novela al editor, reviso por alguna razón papeles primerizos de esa obra (las primeras aproximaciones escritas muchos años antes, cuando no había nada más que ganas de escribir), me asombro de hasta qué punto me encontraba desorientado, si lo comparamos con el lugar al que hemos llegado. ¡Qué lejos estaba de lo que ha acabado siendo esta novela! ¡Qué camino tan empinado de descubrimiento diario me ha llevado hasta donde estoy...! ¡Qué lejos estaba el esbozo primero del resultado final! Curiosamente, a pesar de saber que no, cuando leo un relato o una novela de otro siempre tiendo a pensar que el autor ya quería contar desde el inicio, y tal como ha quedado escrita, esa historia que acabo de leer; los retoques, las vacilaciones, las dudas, no se ven en el libro impreso; aunque sé que todo ha pasado por el cedazo de la reescritura y por la asunción de epifanías constantes que el autor intuye que son buenas y que añade a una historia que no era ni un esquema de la historia definitiva que ignoraba antes de ponerse manos a la obra.

He reflexionado a menudo sobre el papel del azar en las relaciones humanas, de igual manera que interviene para hacer cumplir las leyes de la naturaleza. No sé si esta es, en el fondo, la razón por la que escribí *Yo confieso*. Cuando me doy cuenta de que realmente existen situaciones azarosas (el viaje, la conversación inesperada, la emigración hacia un paisaje y no hacia otro) y de que han servido para hacer avanzar o retroceder a la humanidad, y también a las personas concretas, me siento superado y me entristezco, porque pienso que la humanidad no tiene remedio. Sólo ha de dejar que la tierra vaya dando vueltas y más vueltas, a poder ser alrededor de su eje, y esperar que en un par de millones de años se haya solucionado el irresoluble enigma de la existencia del mal.

Pensar en esto me subleva, porque indefectiblemente aparece la pregunta: el mal. De dónde viene el mal. De dónde proviene la maldad humana y de dónde proviene el mal de la naturaleza. De dónde proviene el mal terrorífico, el mal sin justificación, y de dónde proviene el mal con coartada que te justifica, el mal también terrorífico provocado en nombre de un ideal (patria, sociedad, creencia, religión, costumbre *et alia*).

Si conociéramos el origen del mal no haría falta esperar dos millones de años, cuando el Sol empiece a expandirse y nos chamusque las ideas. Si conociéramos el origen del mal me habría ahorrado (aunque esto no sé si es cierto) el agotamiento de los muchos años dedicados a escribir y vivir *Yo confieso*. Tal vez no sería escritor y habría podido tener una vida con sábados, domingos y vacaciones.

De acuerdo: esta queja no es más que literatura; soy yo el que ha querido tener una vida sin sábados, domingos ni vacaciones, porque cuando te atrapa el ansia de escribir no miras el calendario. Y releyendo lo que acabo de escribir, me da la sensación de que estoy diciendo que escribí *Yo confieso* para poder hablar del mal. No es así, pero un poquito sí. A ver si sé explicarme.

Al acabar *Las voces del Pamano*, a comienzos de 2003, estaba molido, exhausto, hecho una piltrafa. Me había afectado la historia, las historias y el destino de los personajes con los que había convivido durante muchos años. Una de las últimas cosas que hice, además de pensar en el título, fue añadirle el epígrafe que preside el libro: «Padre, no los perdones, porque saben lo que hacen», de Vladimir Jankélévitch. Este filósofo francés, polaco de origen y de familia judía, escribió dos ensayos (*Dans l'honneur et la dignité,* 1948, y *Pardonner?,* 1971) que más tarde reunió en un solo título, *L'imprescriptible*. Jankélévitch, catedrático de filosofía moral en la Sorbona durante casi treinta años, repensó las palabras de perdón que Jesús dijo en la cruz antes de que los soldados se jugaran sus ropas a los dados: «Perdónalos, padre, porque no saben lo que hacen» (Lc 23, 34), y las convirtió en una plegaria del superviviente del Holocausto. En la única plegaria posible por parte del superviviente. La conciencia de la terrorífica dimensión del mal, la certeza de que «el perdón murió en los campos de la muerte», en palabras del mismo Jankélévitch, invalidaban en 1971 lo que en 1948 él todavía podía plantearse de manera teórica. Sobre todo viendo cómo los judíos continuaban siendo negados por el solo hecho de serlo, de existir.

Consideré que esas palabras que me habían conmovido, que me conmovían, podían ser el broche que cerraba, encabezándolos, los años de trabajo dedicados a *Las voces del Pamano*. Y me dediqué a otras cosas. Pero las palabras de Jankélévitch resonaban en mi interior. Y cuando fundí —como ya he contado— a un inquisidor real con un nazi real y los convertí en personajes (y fueron el principio, la prehistoria, los primeros impulsos del material que acabaría siendo *Yo confieso*), hacía sólo un par de meses que había dado por inacabada *Las voces del Pamano*. Estoy seguro de que el eco de las palabras de Jankélévitch corrigiendo a san Lucas se encuentra en el origen de *Yo confieso*. Yo no era consciente de ello, pues escribí otras historias, la mayoría de las cuales no prosperaron, y hasta que mi Adrià Ardèvol no creció, no descubrí que su obsesión por entender el mal (alimentada por una biografía que al principio yo desconocía) se la había inculcado yo de manera inadvertida. Quizá a algún lector que haya leído las dos novelas le parezca evidente de entrada. Yo no lo tenía tan claro, porque mientras construyo no tengo la visión del total finalizado. Ahora mismo estoy razonablemente seguro de que esta es la deuda que *Yo confieso* ha contraído con *Las voces del Pamano*, sin contar todos los innumerables favores que cada obra les debe a las precedentes, para bien y para mal; a menudo, sin que esté hecho adrede, las obras sirven como banco de pruebas para obras que aún no se encuentran ni en su fase inicial.

Ahora estoy más molido, exhausto y hecho una piltrafa que en 2003. Si me costó mucho descubrir y llevar a cabo *Las voces del Pamano, Yo confieso* ha sido aún más, mucho más difícil. Y al mismo tiempo han sido unos años profundamente placenteros de convivencia con unos personajes que a estas alturas todavía estoy aprendiendo a alejar de mí. Dejémoslo aquí...

Escribir comporta consecuencias para el escritor, rasguños, secuelas. Y, como siempre que has sufrido y gozado (en el acto creativo ambas cosas suelen ir inexplicablemente juntas), te sientes muy celoso de tu paternidad y quieres que te la reconozcan. Y quieres, siquiera con la boca pequeña, que a los demás tu hijo les parezca tan hermoso como a ti. O a la inversa, sufres porque dudas de la validez de la criatura que quizá en un momento de debilidad has dado por buena. En un caso y en el otro no se nos ocurre renegar de ella. Pero cabe decir aquí que el concepto de la autoría de una obra artística es relativamente moderno. En la antigüedad, con la transmisión oral de las historias, a la autoría no se le daba demasiada importancia. Aunque el bardo dijera quién era el autor de la narración que iba a recitar, lo que sobrevivía era la narración, no el nombre del que la había creado. Cuando la humanidad inventó el libro, todavía no había aparecido el fervor por la autoría. Todavía imperaba la idea de que un libro era bueno si se basaba en una *auctoritas* que lo refrendaba. Y esto duró mucho tiempo. Era más importante afirmar que un texto parafraseaba la Biblia o a Virgilio, por ejemplo, que decir que era de tal literato desconocido. La literatura provenzal medieval, muy adelantada para su tiempo, ya hablaba del autor de forma clara y los juglares que recitaban los textos lo hacían por encargo del trovador, que no ocultaba su responsabilidad; en todo caso, encubría por prudencia el nombre de la dama de sus sueños. Cuando empieza a adquirir importancia el nombre del autor es con el nacimiento y la consolidación de la burguesía.

He pensado a menudo en la diversa suerte de las autorías y de las obras. Algunos autores se han quedado para siempre en el anonimato por razones diversas y ajenas a su voluntad; y existen historias de apropiaciones, o incluso de casos contrarios, como la del falso Boades: Joan Gaspar Roig i Jalpí escribió, en el siglo XVII, el *Llibre dels feyts d'armes de Catalunya,* y, puesto que lo que quería era prestigiar a la monarquía catalana medieval, atribuyó el libro a Bernat Boades, rector de Blanes en la primera mitad del siglo XV. Es decir, hizo prevalecer la efectividad del mensaje sobre el orgullo legítimo de la propia autoría. Se salió con la suya durante mucho tiempo, hasta que en 1934, cuando se estaba preparando la edición crítica, saltó la evidencia de la falsificación gracias a los estudios de Miquel Coll i Alentorn. En la misma línea, pero por razones religiosas, los falsos cronicones demostraron la llegada de los apóstoles Jaime y Pablo a la península Ibérica sin que los falsarios autores tuvieran ningún tipo de escrúpulo, porque aquello que los guiaba, alimentar de currículum al cristianismo, aunque fuera al exiguo precio de inventar la biografía de algunos santos, lo justificaba todo. Un caso parecido al de la argumentación de una política española actual que afirmaba que la creación de España se remonta a hace tres mil años; cuando no hay vergüenza, tanto da, sobre todo si se tiene a Dios al lado. *Mutatis mutandis,* es parecido al caso del negocio de las reliquias: yo me invento un santo indemostrable de origen lejano, te lo ofrezco como patrón de tu pueblo o de aquella ermita porque he leído en libros muy antiguos que vino por estas tierras en peregrinaje, tú lo veneras, y nadie discutirá su existencia, sobre todo si se ha encontrado, casualmente, el báculo que utilizaba. Y si eso comporta beneficios materiales, además de los espirituales, somos dos en el reparto. Al cabo de cien años se bautiza a muchos niños con este nombre inventado, y ya es imposible desbancarlo del imaginario colectivo. En todos estos casos, por razones políticas o religiosas, el verdadero autor decide desaparecer tras un nombre falso o el anonimato total, porque lo primordial es la tesis de lo escrito, y no la fama de historiador del autor. Pero también se dan casos de desconocimiento o de desaparición de la autoría no por voluntad del autor. Por ejemplo, los libros que se han perdido entre las llamas. Pensad en la escalofriante pérdida que supuso el incendio de la biblioteca de Alejandría, que redujo a cenizas años de trabajo y de reflexión y todos los nombres de sus autores. La autoría, además de la obra, se esfumó.

Sin embargo, se dan situaciones curiosas, como la de las obras nonatas, los albati literarios: Samuel Taylor Coleridge (1772-1834) relata una experiencia muy curiosa. Un día estaba leyendo textos referidos a Marco Polo y sus viajes, y se quedó dormido, no por aburrimiento, sino por el opio que solía tomar. El texto lo apasionaba hasta tal punto que se puso a soñar con el personaje de Kublai Kan y *soñó que componía un poema*. Cuando despertó, Coleridge se puso a transcribir los versos soñados, que recordaba claramente, pero una visita prosaica lo distrajo un rato, y cuando quiso proseguir con el trabajo, el resto del poema se le había borrado de la memoria. El fragmento salvado, un par de páginas, *Kubla Khan, a Vision in a Dream*, es la descripción de un lugar de cuento oriental, con un palacio y un mar. Él decía que era una obra maestra que no se pudo llegar a realizar por culpa del cartero, que sólo llamó una vez, y en mala hora, a su puerta. Siempre nos quedará la sospecha de si fue la excusa de un escritor que había destacado más como pensador y como crítico que como creador. Pero *Kubla Khan* es el paradigma de la obra maestra no realizada, y no he podido resistirme a contarla porque, verdadera o falsa, es una historia bonita.

O se puede dar la estafa directa, como la que perpetró —ya no en el terreno artístico sino en el científico— la profunda conocedora de la química Elena Ceausescu, que, junto con su marido, había perdido cualquier contacto con la realidad y vivía en un mundo delirante de culto a la personalidad. Elena Ceausescu pasaba por ser una extraordinaria científica y publicaba regularmente libros de química que le escribían otros. Estoy seguro de que se lo acababa creyendo. La mediocre y el mediocre, matrimonio fatal que tenían sometido a todo un pueblo. Y ya se sabe que el mediocre desprecia lo que desconoce (La Rochefoucauld *dixit*), no sea caso que le haga tambalearse en su posición demasiado insegura; esta característica está en la base de la idea de que un mediocre con poder es un peligro público inmediato. Pero mientras tenga el poder puede atribuirse todas las autorías que hagan falta. Esto me hace recordar, no en el ramo de los dictadores políticos, sino más personales, al ciudadano Kane aplaudiendo solo desde el palco los alaridos de su mujer, que —como él había dicho que tenía que ser cantante— acabó cantando por los bemoles del señor Kane.

Y siguiendo con el drama de las autorías, Kafka, cuando ya estaba muy enfermo, le pidió a su amigo Max Brod que, cuando muriera, quemara todos sus papeles inéditos, que eran la mayoría. Brod le dijo que sí, claro, no te preocupes, Franz, amigo mío. Por suerte para nosotros, Max Brod no fue fiel a su promesa y por eso conocemos *El proceso, El castillo* o *América*, por ejemplo.

No puedo evitar pensar en un matemático del siglo XIX, Évariste Galois, que decidió participar en un duelo de honor y se pasó los días anteriores a la contienda, dramática cuenta atrás, escribiendo las teorías matemáticas que hasta entonces sólo llevaba en la cabeza; escribiendo la parte que le dio tiempo, y dejando aquí y allá en el margen del papel un comentario dramático sobre el tiempo que se le echaba encima. Tenía veintiún años cuando murió, porque acabó muriendo en el campo del honor, y se llevó a la tumba un buen número de intuiciones matemáticas que no tuvo tiempo de legarnos. A pesar de esto, sus trabajos son capitales para el desarrollo del álgebra y en el estudio de las integrales elípticas. Da tanta rabia...

Y ya que estamos en ello, Pushkin vivió una historia parecida a la de Galois. El gran poeta, considerado el padre de la literatura rusa moderna, murió a los treinta y siete años a causa de las heridas recibidas en un duelo contra un oficial alsaciano que le hacía la corte, al parecer con éxito, a la esposa del poeta. ¿Qué nos hemos perdido como lectores? Nunca podremos saberlo; sobre las muertes de Pushkin y Galois se cierne la sombra del «si no fuera por...».

Reflexionando sobre el momento culminante de la escritura, llego a la conclusión de que algunos de nosotros tenemos una rara habilidad para encontrarnos siempre hombres de Porlock dispuestos a impedir o a torpedear nuestra carrera literaria o artística, ya sea incipiente o incluso consolidada. El hombre de Porlock es un alivio para nuestras conciencias y, de forma casi inconsciente, ya ha aparecido más de una vez en estas páginas.

El hombre de Porlock tiene múltiples formas de presentarse. Cuando uno empieza la ardua carrera literaria, uno de los primeros obstáculos que se topa es la constatación de que escribir es más difícil de lo que parece. Que es tan difícil hacer una buena novela como una mala; porque lo que cuesta es escribir. Y entonces, lo que sucede a menudo es que nos aferramos a las excusas, las que sean, que puedan explicarnos la razón por la que no avanzamos: estoy demasiado ocupado, voy por el mundo medio dormido; ahora, en cuanto acabe estas lecturas, me pongo. O no, mejor hacia el verano, que tendré más tiempo. No, si acaso, pasado el verano, que para escribir hay que estar bien descansado. Y al cabo de tres o cuatro años aún estamos igual, sin haber iniciado el texto; sin habernos comprometido con una historia. El hombre de Porlock ha actuado con eficiencia en forma de excusa de mal pagador. Podríamos decir que es un excelente acompañante parásito de la página en blanco que tanto marea y asusta a la persona que se decide, no sé por qué misteriosas razones, a escribir.

Este personaje tan simpático de Porlock también se le puede aparecer al escritor experimentado y cuando se encuentra en pleno proceso de creación. Como el escritor ya sabe, por experiencia, que escribir es muy difícil, halla la manera de que se le aparezca el hombre de Porlock sin que se note demasiado. Con frecuencia, cuando estás en pleno proceso creativo de una obra extensa, los traqueteos excesivos pueden conducirte a momentos de sequía o de un avance exageradamente lento. Entonces, el hombre de Porlock puede aparecer para remachar el clavo. A menudo en forma de necesidad imperiosa de documentación. La documentación es esencial para el novelista, que debe emplear con frecuencia muchas horas buscando datos, informándose sobre cuestiones geográficas, históricas, de comportamiento de los individuos, filosóficas o del tipo que sean. Pero muchas veces el tema sobre el que te documentas es interesante. Y, puesto que es interesante, siempre habrá un libro que leer, o una película que revisar, o un documento que ir a buscar bien lejos. Hasta que te das cuenta de que llevas a un hombre de Porlock a tu lado que te está engatusando: siempre es más fácil documentarse que escribir y crear a partir del esfuerzo, documentado o no. Está claro que un hombre de Porlock bien trabajado puede convertirse en un extraordinario «si no fuera por» que nos sirve de coartada si no hemos conseguido lo que preveíamos conseguir. ¡Qué cosas! ¡El hombre de Porlock se ha presentado en casa ahora mismo! He tenido que interrumpir la redacción de este texto porque un hombre (de Terrassa) ha venido a cobrar una factura. Esta, la del que interrumpe, es otra faceta del hombre de Porlock, la histórica, digamos que la versión original.

Porlock es un pueblecito cercano a Nether Sowey, en el condado de Somerset, en el sudoeste de Inglaterra. ¿Qué tienen los hombres de Porlock que los relacione con el acto creativo de la literatura? En Nether Stowey vivía Samuel Taylor Coleridge, ese al que un vecino del pueblo de Porlock interrumpió en plena redacción del poema *Kubla Khan*. Al parecer hablaron durante un buen rato de temas banales y Coleridge no dejaba de morderse las uñas. El resultado fue que el poema, como ya sabemos, quedó inacabado porque Coleridge fue incapaz, cuando nuestro amigo se largó, de retomar el hilo del recuerdo del sueño. Tanto si es cierto que esa visita interrumpió la redacción de una obra maestra, como si todo eso es una excusa de mal pagador, estoy seguro de que este individuo ha interrumpido alguna vez nuestro trabajo con cualquier solicitud pedestre. El hombre de Porlock forma parte de la vida. (Ahora me ha interrumpido otro hombre de Porlock: un paquete que esperaba de la editorial.)

Los hay que tienen la posibilidad de aislarse: pienso en Thomas Mann, que se encerraba en el despacho y toda la casa se ponía de puntillas y a hablar bajito porque Mann trabajaba y ninguna circunstancia ni familiar ni social se interponía entre él y el trabajo. No como Schumann, que componía con los niños corriendo por ahí mientras Clara ensayaba en otra habitación. Los escritores que no vivimos en una nube, a pesar de no ser vecinos de Nether Stowey, debemos sobreponernos al estrépito de nuestros propios hijos o de los vecinos; a los televisores que se oyen por el patio de luces; al ruido del tráfico que nos llega por la ventana; al poco tiempo que uno le puede dedicar; a la necesidad de preparar la comida o de ir al trabajo... O también a la interrupción nefasta, a la pérdida del manuscrito, a la pérdida de la memoria...

Todos los escritores tenemos un hombre de Porlock contra el cual escribimos. Hoy, mientras hablaba de él, ha llamado dos veces, como el cartero.

Si Bach no se hubiera quedado ciego. Si Schubert hubiera podido comprarse un piano. Si Beethoven no fuera sordo desde los treinta años. Si Mozart no se hubiera muerto a los treintaicinco y Schubert a los treintaiuno. Si Arriaga hubiera tenido antibióticos a mano. Si Schumann no se hubiera vuelto loco tan joven. Si Rafael no se hubiera muerto a los treintaisiete... Si Lili Boulanger hubiera vivido diez o quince años más. Si Pergolesi...

Y todavía más: yo, aquí, escribiendo en mi ordenador. Bach escribía ese diluvio de páginas repletas de notas con una pluma de oca. ¿Y si Bach hubiera tenido ordenador, o simplemente una buena estilográfica?

En el año 2187, un articulista avispado se hará cruces de que a comienzos del siglo XXI, cuando los periódicos eran en su mayoría de papel, aún no existiera la transportación instantánea. La gente tenía que viajar (concepto casi obsoleto a finales del siglo XXII), tenía que ir a los sitios; perdía una gran cantidad de tiempo en los Aves y los aviones: increíble. Y ese articulista se hará la pregunta lógica: ¿cómo es que en aquellos tiempos rudimentarios Penderecki tuvo tiempo de escribir la *Passio et mors Domini nostri Jesu Christi secundum Lucam*, o Arvo Pärt su *Fratres*, o el *Tabula Rasa*? ¿Te imaginas cómo debía de ser esa gente? Y, encima, la música que imaginaban tenían que escribirla en lugar de trasladarla mentalmente al artefacto cuyo nombre no recuerdo pero que, para entendernos, remite a un DVD mental que ya era habitual a mediados del siglo XXI.

Bach compuso la *Pasión según san Mateo*, una obra culminante de su producción, pero sólo pudo oírla en Santo Tomás y San Nicolás de Leipzig un par de veces en su vida. ¡Sólo un par de veces! Para oír la música uno tenía que estar en el lugar idóneo en el momento adecuado. (Lo digo y estoy oyendo, de fondo, unos *concerti grossi* de Corelli mientras tecleo pensamientos profundos. Lo digo y pienso que Schubert no oyó nunca su música sinfónica.) Antes, Bach también había compuesto la *Pasión según san Juan*, espléndida pero no tan grande como la anterior. El drama es que, como no había ningún sistema de almacenamiento de datos, se perdió para siempre la *Pasión según san Marcos*, que también escribió y de la que quedan únicamente vestigios y algún fragmento reutilizado en otras composiciones.

Cuando Bach tenía veinte años, decidió peregrinar hasta Lübeck, donde vivía y trabajaba su admirado Dietrich Buxtehude, para conocerlo y oírle tocar el órgano. Hizo el viaje a pie. En aquel momento Bach vivía en Turingia, en Armstadt. Todavía no existía el traslado inmediato de 2187; pero yo, en 2013, he calculado la distancia en dos minutos consultando el Google Maps: 468 kilómetros actualmente, que en la época, sin autopistas y siguiendo los caminos reales y los senderos, podía alargarse unas decenas de kilómetros más. El viaje duró un mes y mucha gente habla del torrente de energías perdidas por el joven compositor. En cambio, yo creo que con ese viaje Bach cargó pilas para toda la vida.

Las circunstancias de los artistas podemos mirarlas con la actitud del «si no fuera por». Siempre hay un «si no fuera por» del que quejarse. Si Bach hubiese conocido la Hi-Fi y el CD... quizá habría preferido escuchar toda la música del mundo en lugar de hacer algo nuevo, y todos habríamos salido perdiendo. Si Juan Crisóstomo Arriaga o Mendelssohn, o Schubert, o Vicenç Cuyàs, o Henry Purcell o Pergolesi no hubieran muerto tan jóvenes...

Esta es nuestra tentación: quedarnos con el «si no fuera por», quejarnos porque estos grandes espíritus hicieron un trabajo a medias (en casos como Arriaga o Cuyàs, o la Boulanger, apenas empezaban), dadas sus circunstancias vitales. Pero la historia de las artes no va así. Se basa en la obra de locos, de muertos prematuros, de sordos, sifilíticos, antipáticos... Gente enraizada o menospreciada, feliz o amargada. La historia de las artes se basa en la obra hecha por unas personas determinadas, en su época y con los medios de su época, que dan como resultado la estética de su época. Y aquí radica su grandeza: es una manifestación humana que nos ayuda a hacer más soportables las consecuencias nefastas de la parte miserable de la naturaleza humana, la que nos enloda en las guerras y en los odios. Y si esa obra se mantiene a pesar de la extinción de las épocas, es que decía la verdad.

Siempre habrá un «si no fuera por». Lo que hace el artista es trabajar en su pasión, quitándose de encima a los Porlocks que le estorban. Del «si no fuera por» ya se encargan, sin pedirnos permiso, las circunstancias.

Ahora recuerdo que tenemos una historia abierta que deberemos cerrar. Por razón de proporciones, no puedo dedicarle mucho espacio y haré algo discutible: elidiré una parte que el lector ya supone y me plantaré en el kilómetro veintisiete de una carretera secundaria y brumosa. El uso de la elipsis no es discutible, en absoluto. Lo discutible es hacerlo camino de Prats de Molló, en un momento culminante de la vida del protagonista. Vaya: tal vez sí que... De acuerdo, no lo elido, porque pienso en un momento clave en la vida de Gustau: Oyó el estampido airado de la puerta de la escalera de emergencia e, inmediatamente, el ruido de alguien que andaba por el pasillo hacia su habitación. Reconoció el odio y la determinación de unos pasos irregulares. Incluso percibió el peso de la pistola que blandía el individuo. Antes de abandonar la historia de la transformación de Mirra en árbol, dobló la esquina de la página, como si quisiera dejar una marca en el texto que estaba leyendo, para retomar tranquilamente la lectura cuando ya estuviese muerto.[24] Se levantó bruscamente, abrió la ventana y miró hacia abajo, a la calle. La *chopper* lo estaba esperando, fiel, pero tres pisos más abajo, inútil, casi con un ademán irónico. Miró hacia la puerta y lo entendió todo. Le habían tendido una trampa y él había caído como un ratoncillo. El intru-

24. Naturalmente, ahora que he decidido que el libro es un incunable y Gustau un coleccionista, este gesto de doblar la página para sustituir un punto de lectura no está bien elegido; es más adecuado para un libro de la colección de novela negra La Cua de Palla que para lo que tenemos entre manos. Debería suprimir o cambiar el gesto. Pero me gusta la idea de que la muerte interrumpe la lectura y es mal recibida precisamente por eso: no porque sea la muerte, sino por la inoportunidad del momento.

so abrió la puerta de una fuerte patada y la hoja estalló contra la pared. Gustau, que había dejado la historia de Mirra oculta bajo la ropa de la cama, se giró bruscamente. Enfrente, un individuo desconocido que realmente cojeaba como Aniushka, lo apuntaba con una pistola con silenciador; ningún punto de retirada excepto la puerta. El futuro asesino, apuntándole a la cabeza, le dijo venga, el libro.

—¿Qué libro? —respondió el futuro cadáver.

Y como veía que no saldría del apuro con un diálogo civilizado, Gustau se abalanzó, como si fuera un *linebacker*, contra el intruso que blandía la pistola. Seguramente el asesino no pensaba matarlo, pero todo fue tan deprisa que, mientras se le venía encima aquella mole musculosa, el tipo disparó una vez. Se oyó un estampido blando y seco y el pelo ralo y de tonos grises de Gustau se manchó de rojo. Ya sin vida, cayó sobre el estómago del asesino, que tardó unos segundos en darse cuenta de cómo había ido la cosa. Al ver lo manchado que había quedado, lo maldijo todo, incluso a los antepasados de Nizhni Nóvgorod. Gustau nunca sospechó por qué moría.

A veces una historia no se acaba con la muerte del protagonista. Si nos vamos al kilómetro veintisiete de la carretera secundaria, solitaria, fría y pudorosamente cubierta por la niebla eterna, en una entrada de la carretera, al lado del bosque, dos personas esperan, silenciosas, con las manos en los bolsillos de las parkas. El hombre da unos saltitos de vez en cuando para quitarse el frío. La mujer, con la cabeza protegida por la capucha, mira a través de la niebla, como si quisiera descubrir sus secretos inconfesables. Ahora empieza a oírse el ruido de un motor. La mujer consulta el reloj y ambos se adentran en el bosque sin decirse nada.

Surgiendo de la niebla, apareció de repente la *chopper* de Gustau montada por su asesino. La metió en el margen de la carretera de forma que no quedara a la vista de nadie, un poco dentro del bosque, y apagó el motor. Un arrendajo dio un grito como si se escandalizara del silencio repentino. El hombre se alejó de la carretera bosque adentro, cojeando, por un pequeño sendero poco frecuentado. Al otro lado de un puente medieval bien conservado, inesperado en ese lugar y que había ayudado a los campesinos a superar el caudaloso río durante siglos, lo esperaban dos sombras. Se dirigió hacia ellos exagerando su cojera.

—¿Cómo ha ido? —dijo la mujer, quitándose la capucha y dejando al descubierto la cabellera rubia.

—Mal.

—¿Qué ha pasado?

—De pichafría nada. Era un tipo peligroso.

Silencio de los otros dos, a verlas venir. El hombre continuó:

—He tenido que cargármelo. —Y tendiendo la mano—: Venga, el dinero que falta —Extendiendo la mano, insistió, nervioso—: El dinero.

El chófer se le acercó y le pasó un sobre abultado. El sicario lo abrió: un buen fajo de billetes de quinientos, el precio de una muerte.

—El libro —dijo el chófer.

—¿Qué libro?

—El que tienes que darnos.

—Ah, sí, claro. Pues de libro, nada. Estabais mal

informados: no había ningún libro, eso te lo aseguro. Lo he revuelto todo. Y casi mejor que os larguéis, que en el hostal he dejado un buen pitote. —Exagerando su enojo—: Y para otra vez, informaos bien antes de hacer el encargo.

El asesino se giró y empezó a cruzar el puente, de vuelta.

—¡Eh!, que te dejas esto —le dijo el chófer.

El hombre se giró con la pistola a punto. Pero no pudo apuntar, porque un estampido sordo le provocó una fea manchita en la frente. Se desplomó, medio cuerpo por encima de la baranda del puente románico, y el arrendajo volvió a protestar. El chófer se acercó, lo enderezó, le apartó la pistola por si acaso y le quitó el sobre con el dinero para pasárselo a la mujer, que comprobó su interior con dos dedos y dijo uf, qué asco, manchados de sangre.

—Valen lo mismo.

El hombre desabrochó el anorak del asesino. En un bolsillo interior, el incunable.

—Que no se manche —dijo ella.

—Vale lo mismo.

La mujer reprimió una sonrisa y cogió con ansia el libro de la historia de la desesperación de Mirra y otras metamorfosis. Mientras el chófer, con poco esfuerzo aparente, empujaba el cuerpo del muerto desde el puente hacia el río, la mujer cortó con un cúter la gruesa cubierta del incunable sin molestarse en echarle un vistazo a esa joya bibliográfica. El hombre se puso a su lado y observó con curiosidad los movimientos de la mujer. Ella apartó una capa de piel de la tapa y metió sus dedos ansiosos por la abertura. Lentamente extrajo un pequeño pero magnífico MacGuffin de color rosado y tiró el incunable al río, que lo arrastró en seguida aguas abajo. Con la respiración entrecortada, dijo me parece que ya es hora de poner rumbo a Viena.

9

Mi viaje a Viena

El fenómeno del envejecimiento de los textos es todo un misterio. ¿Por qué algunos, después de diez años de haberlos leído con interés, se te caen de las manos, y en cambio un texto de hace doscientos te reclama como si fueras contemporáneo suyo? Cuando relees te enfrentas a menudo con esta pregunta, que puede precisarse todavía más: un texto que has tenido que leer en traducción, porque no conoces la lengua original, envejece o no según su propia esencia y valía literaria. Pero a esto hemos de añadir que el recurso de la traducción distorsiona tu relación con el texto. No es lo mismo leer la *Odisea* de Homero (yo no puedo hacerlo) que leer las versiones de Carles Riba (1948 y 1953) (que encuentro ligeramente artificiosas) o la de Joan F. Mira (2011) (que me parece más homérica). Esta es una percepción personal mía limitada por la imposibilidad de recurrir al original. Pero este caso, y muchos otros que he vivido, me hacen pensar que esa obra clásica que resiste el paso del tiempo, como un castillo medieval que hace siglos que se mantiene en pie contra el viento y las lluvias, ha de renovar su traducción a menudo, porque sólo con que haya pasado una generación de lectores, ya se percibe como envejecida. (Y, en cambio, después de una hora reposada de repaso de la poesía de Carles Riba, no le noto envejecimiento alguno: me interpela con la misma fuerza que hace treinta años, con la ganancia personal de diversas relecturas.) Intento encontrar un símil que me lo explique. No sé si sirve este, que me invento: ¿una fotografía del puente medieval en que hemos sido testigos de un asesinato, de 1948, puede compararse con una fotografía del mismo puente tomada en 2013? Vamos a ver: en la fotografía en blanco y negro se pueden perder muchos detalles, no tanto por el blanco y negro en sí, sino por la calidad de las fotos de la época. La fotografía de 2013 gana en nitidez. Pero eso no lo quiere decir todo. Por razones puramente artísticas e inefables, entre ellas la magia del blanco y negro, puede gustarnos más la foto de los años cuarenta. O sea que el símil no se acaba de sostener. Con todo, creo que para formarme una idea propia del puente pediría o un imposible dibujo medieval o la fotografía rica en detalles de 2013. Y el lector del año 2060 me imagino que pediría una instantánea de su tiempo, en lugar de esto tan primitivo de 2013. Supongo que todo esto se relaciona con el hecho de que, con los procedimientos fotográficos actuales, puedes contemplar la fotografía con ojos actuales y ver mejor en ella los valores «antiguos» del texto, que en la otra instantánea quizá se te habían convertido en «anticuados». Pero repito: la poesía de Riba no es anticuada sino bien actual. Problema no solucionado.

¿O sería todo eso una mera cuestión de adjetivos? Recuerdo a Tísner un día en que iba de fiesta con Calders y un grupo de escritores más jóvenes e ilusionados, y que, en medio de la calle, le dijo a Calders: «Es que a ti y a mí los jóvenes no nos encuentran mayores, ni siquiera viejos. Tenemos una edad tan provecta que ya nos encuentran antiguos».

El caso es que las obras clásicas que se mantienen incólumes (Homero, Dante, March, Shakespeare) han de traducirse de nuevo más o menos cada veinte o treinta años para que mantengan la frescura de la actualidad mostrando los valores que las hacen eternas. Por lo menos es una praxis muy extendida y que no discute nadie. Y cada buena traducción es una fiesta de la lengua que se añade a la historia de la literatura correspondiente a la lengua traducida.

«Los valores que las hacen eternas», he dicho hace un momento. Suena solemne. Es que pienso en András Schiff hace unos años, de pie ante el piano, respondiendo tímidamente con sus inclinaciones de cabeza al entusiasmo del público. Pero lo que no he dicho es que en ese concierto que rememoro, dedicado a las partitas para teclado, e interpretado en un piano y con la partitura delante, al acabar cada obra, Schiff se levanta, le hace una reverencia a la partitura y a continuación saluda al público. Y al acabar el recital recoge el conjunto de partituras y las alza ante el público. ¿Es por timidez? No: es porque sabe que sin nuestro señor Bach él no es nada. Él sólo es su «traductor» actual, y otros vendrán que harán su propia lectura. Y el mejor mérito que les podemos conceder a estos traductores es que nos transmitan directamente la música de Bach para que actúe en nuestro interior, nos encontremos en el año 2000 o en el 2050. Si el intérprete de una obra musical equivale al traductor, también es al mismo tiempo el lector que nos lee o recita un texto. En música se da el caso de que hacemos relecturas constantemente sin alarmarnos en absoluto. Podemos haber oído un centenar de veces, a cargo de «lectores distintos», el *Trío del Archiduque*, y no hacemos aspavientos. La gran mayoría de los asistentes a un concierto en el Palau de la Música van con el contenido del programa *leído* unas cuantas veces, pero lo que les interesa es la lectura de Volodos o de la Philharmonia Hungarica.

Puesto que he hablado de los clásicos, me viene a la cabeza un pensamiento que no tiene mucha lógica, pero que es recurrente desde hace mucho tiempo y, por tanto, lo suelto: cuando leo un clásico por vez primera, me da la sensación de que *lo estoy releyendo*. ¿Porque ya tenía noticia indirecta del texto? ¿Porque conocía su argumento, si lo hay? ¿Porque había leído algún estudio sobre él? A mí me parece que es algo más etéreo: cuando leo un clásico que no había leído, me resuena el eco de las muchas generaciones que han hecho su lectura, que han contaminado mi inconsciente que se despierta con la lectura y me transmite esta sensación de leer acompañado. Y lo que acabo de decir es, si no me equivoco, un eco de lo que le leí hace mucho tiempo a Italo Calvino, un clásico, hablando de los clásicos. No estamos solos, hermanos lectores.

Cuando un texto clásico ha sido importante en mi vida, pueden pasar dos cosas si decido su relectura: la primera es que me refuerce en la idea y me haga cruces por encontrar todavía en él cosas nuevas que no «recordaba», pero que seguramente ya llevaba dentro de mí, porque el texto te trabaja sin pedir permiso; y la segunda es que el texto se me caiga de las manos o, aún peor, que me deje indiferente. Entonces me hago cruces por cómo puedo haber quedado deslumbrado por esa quincalla, cómo podía tenerla por una joya valiosa. Y no todo lo que lleva la etiqueta de clásico se la merece. Todo trastorna, para bien o para mal: no se puede releer creyendo que no comporta riesgos.

Para un escritor, e incluso para un lector que le dedique energías, el conocimiento de la propia tradición es esencial y no conviene dejarlo únicamente en manos de los contactos que se han podido hacer en la escuela secundaria, si es que tenemos suerte y se ha producido alguno, sino en la frecuentación gratuita mediante la relectura. ¿Por qué es esencial para mí? Porque es de donde vengo, de esos clásicos que son mis orígenes aunque hable mal de ellos; y aunque —fíjate en lo que te digo, y no es el caso— no los haya leído. Yo no soy sin Jaume Roig o Jordi de Sant Jordi. No soy sin Bernat Metge o Bernat Desclot.

La confección de un texto no es un acto que no comporte consecuencias. Siempre, en su elaboración, actúa todo el saber que el escritor ha ido acumulando con sus lecturas y con la creación de sus textos anteriores. Nada es gratuito, ni aparece por un milagro inexplicable. La Novena de Beethoven presupone la Segunda (más alejada de aquella que del huevo la castaña) y, naturalmente, supone el monumento que es la Séptima y el esfuerzo de la Octava... La Novena no puede aparecer porque sí. Por tanto, y ya de entrada, el escritor se debe a su propia evolución personal. Y si imaginamos el conjunto de la obra como una escalera, sólo es posible estar en el séptimo escalón habiendo escrito o compuesto los seis escalones anteriores. Cualquier corpus literario personal está en evolución constante y viene marcado por el paso del tiempo, las lecturas y las escrituras que conforman la vida del escritor.

De la misma manera, cuando el escritor decide matar al padre, con la arrogancia lógica de la juventud, ya está haciendo caso de su propia tradición, aunque sea por reacción. Y a poca cultura que tenga, también le apetecerá matar a la abuela y al bisabuelo. Y al releerlos (antes de la ejecución), si es que los había leído, tal vez se dará cuenta de que no sólo los indulta sino que los admira. Esto es fabuloso. Se trata de no detener los instintos asesinos y recorrer el árbol genealógico de la literatura propia con el hacha empuñada en una mano, y siempre, siempre, con la capacidad de admiración empuñada en la otra, por si acaso. Y quizá llegará hasta los orígenes, a Llull y a los trovadores, y habrá guardado el hacha de guerra porque no ha dejado de admirarse. Si no lo habéis experimentado, no sabéis hasta qué punto es enriquecedor reconocer paisajes, expresiones, tópicos, manías y generosidades en autores alejados *sólo* en el tiempo.

A menudo, hablando de los escritores contemporáneos que nos han precedido, imperan unanimidades en cuanto a su importancia en la construcción del corpus y el imaginario literario en catalán: Verdaguer, Maragall, Riba, Carner, Foix, Pere Quart, Espriu, Vinyoli, Marçal...; Guimerà, Oller, Víctor Català, Casellas, Puig i Ferreter, Llor, Villalonga, Rodoreda, Calders, Moncada, Roig, Porcel... Es tan relativo esto de citar nombres, porque ahora mismo sé que me estoy dejando muchos y que tendría que repensar un par de los que he puesto. El lector quitaría alguno fácilmente, o, sobre todo, añadiría alguno. Yo querría citar durante unas líneas dos nombres que no he incluido y que reconozco forman parte de mi formación como novelista: Pedrolo y Capmany.

A Maria Aurèlia Capmany la traté algo; era toda energía y expansión, y sólo eso era ya una lección para mí. Y me animó, en público y en privado, a no dejar de escribir, y me abrió su casa con generosidad. Todavía tengo presentes las vitaminas que me supusieron lecturas como *Un lugar entre los muertos* o *Feliçment, jo sóc una dona*. Su faceta de compromiso con el país, con la lucha por la igualdad de la mujer y con la dignificación de la literatura catalana la convierte en alguien históricamente importante, y le restó, de eso estoy seguro, energías para culminar su obra literaria, que hoy se ve un poco arrinconada.

Manuel de Pedrolo, hombre íntegro, novelista torrencial, ha sido muy injustamente silenciado. Creo que no lo he leído al completo. Y no creo que todos sus títulos, siendo tantos, tengan la misma importancia, ni de lejos, pero me parece que le debo muchas cosas: saber que todo es narrable; observar cómo mueve a los personajes, cómo crea atmósferas, cómo resuelve situaciones, cómo se atreve con todo en una época en que no había nada. Le perjudicó el desorden en la aparición de sus títulos a causa de la censura. Antes que eliminar una frase censurada, prefería guardar el texto en un cajón y presentarlo a la censura un par de años más tarde, por si tenía suerte. «Presentarlo a censura»: ¡qué vida más bestia vivíamos durante la dictadura! Si miro hacia atrás me doy cuenta de que he bebido mucho de Pedrolo. Aunque escribo de forma distinta y opino que tanta cantidad le perjudicó, soy hijo de Pedrolo. Y cada vez que asomo la nariz por las comarcas del Urgell y la Segarra, por ese paisaje liso pintado por todas partes con el color de los campos de cereales, ora enjalbegados por la niebla con escarcha, ora verdes por la ilusión del crecimiento, ya cargados de amapolas y agostados por el calor inclemente, ya convertidos rastrojales... Cuando cruzo Els Plans de Sió, a menudo camino del Pirineo, al pasar junto a L'Aranyó siempre tengo un recuerdo en memoria suya. Durante mucho tiempo nos las arreglábamos para poner gasolina en una estación de servicio de Les Pallargues, unos kilómetros pasado L'Aranyó... ¿La razón? Porque el hombre que regentaba la gasolinera, cobraba, nos servía el cafelito y, además, daba conversación a los pocos clientes, la mayoría campesinos que llenaban el depósito del tractor, ¡era Pedrolo! Bueno... No lo era, pero era clavado a él, su vivo retrato; se le parecía de una manera desconcertante. Ahora ya no podemos verlo: la gasolinera, brindando por los nuevos tiempos, ha cerrado. Supongo que, con más tiempo libre, podrá dedicarle más tiempo a escribir... Hace muchos, muchos años, andando por el Eixample barcelonés, vi al Pedrolo auténtico al otro lado de la calle y no me atreví ni a acercarme para saludarlo. Eran otros tiempos y la timidez pudo más que la admiración por el novelista y el hombre cívico y comprometido que no dejaba de escribir. Pero estoy en deuda con *Viure a la intempèrie*, *Cendra per Martina* y la serie *Temps obert*, entre otros, y me da pena que mucha gente lo recuerde sólo por el *Mecanoscrito del segundo origen*.

Escribo estas referencias a Capmany y a Pedrolo habiendo citado a menudo otras referencias de mi propia tradición, probablemente más sólidas, como el *Bearn* y algunas narraciones de Villalonga, o el conjunto de la obra de Rodoreda. Y creo que no resolveremos nunca el tema del olvido del artista. Precisamente del artista, que es la persona que pinta, compone o escribe, aunque no lo confiese nunca, para pervivir, *pour durer*. Es cierto que se aprovecha el calendario como efeméride (diez, quince, veinte, cien años del nacimiento, de la muerte, de la publicación de...), para refrescarnos la memoria con mayor o menor fortuna. Y es cierto que no todas las obras tienen garantizada esta durabilidad... Pero se trata de un aspecto de la vida (y de la muerte) que no tenemos resuelto en ninguna parte.

Leer la tradición literaria propia, que es la escrita en tu lengua, es conocer, aprender, comprender, y quizá saludar a los que te han conformado. Leer otras tradiciones es conocer a los que te confirman en la idea de que la literatura es un mundo inagotable trufado de obras maestras. Y a partir de entonces eres un lector de esos que meten la nariz, sin pedir permiso, allá donde sospechas que hay solvencia, porque no has perdido ni quieres perder la capacidad de admirarte de un texto que reconoces como bueno.

Antes nos hemos referido al hecho de que cada generación reclama una nueva traducción de los clásicos porque las que existen envejecen. Ahora bien: cuando el traductor tiene la suerte de poder consultarle al autor, no sabe la suerte que tiene; o cuando el autor goza del privilegio de poder hablar con sus traductores. El escritor, cuando escribe, lee lentamente, muy lentamente. El traductor, cuando se enfrenta a un texto y lo traslada a su lengua, lee también lentísimamente. Uno y otro tienen las antenas puestas y hay pocas cosas que se les escapen. Los traductores son, con frecuencia, los que hallan incoherencias narrativas o descuidos del orden que sea. El escritor, decíamos hace un momento, puede haber escrito y reescrito un párrafo diez o veinte veces. O, como mínimo, se lo ha leído unas cincuenta veces mientras rehacía y releía la obra que estaba escribiendo. Si después la obra se traduce, puede que el traductor pase por este párrafo laborioso también unas cuantas veces. Muchas pasadas para llegar a una decisión final de escritura. De acuerdo, pero seguramente el lector pasará por ahí una sola vez en su vida, a su velocidad de lectura. Sé que esto que acabo de decir lo he escrito muchas veces, pero forma parte del milagro del esfuerzo artístico y por eso vuelvo a hablar

de ello aunque me haga pesado. Este lector seguramente nunca llegará a saber las horas y la cantidad
de cemento que han hecho falta para alzar bien recta
la pared de ese párrafo. Todo eso, al escritor le da
completamente igual: él trabaja para llegar a escribir
el párrafo ideal del relato ideal que está haciendo.
No escatima horas ni esfuerzo. Y, además, el alma
no deja de paseársele por el cuerpo porque sabe que
el lector es eso, lector, y que muy pocos lectores son
relectores.

Cuando hablo alguna vez de releer, hay gente
que enseguida se alarma. Con la cantidad de libros
que esperan su turno, ¿hemos de añadir aún más títulos que ya leímos hace tiempo? ¡Si ya sabemos
quién era el asesino!

Sí, es cierto. Pero la relectura va por otro lado. Es
la apuesta por la lectura sin prisas, para concederse
uno mismo la oportunidad de desplegar todas las antenas y captar el máximo de matices y juegos, de reflexiones y recursos estilísticos o narrativos que tiene
una obra, a veces sin el consentimiento de su autor,
que sabe *sobre qué* ha escrito, pero que no acaba de
captar *el resultado de todo* lo que ha escrito. La relectura no es como la reescritura. La relectura es otro
fenómeno, una modalidad de lectura que cada vez
respeto más. Releer es vivir, volver a visitar y conver-
tirte a ti mismo, lector del texto por segunda vez
como mínimo, en testimonio de la propia evolución
y del efecto que te produce. Y, ni que decir tiene,
puedes comprobar en qué medida ha envejecido el
texto, o se mantiene vivo y despierto, o aún más vivo
que en la primera lectura.

Shmuel Josef Agnon, que en realidad se llamaba Shmuel Josef Halevi Czaczkes, fue un narrador que escribía en hebreo y un poco en yiddish, nacido en la Galitzia hoy ucraniana e instalado desde los años veinte en Jerusalén, donde vivió tragedias y alegrías de todo tipo.[25] En 1966, no obstante, recibió una gran alegría: el premio Nobel, compartido con la poeta Nelly Sachs. Un día, Agnon, cuando ya tenía un prestigio consolidado en su país, se quejó a la municipalidad de Talpiot, el famoso barrio histórico de Jerusalén donde vivía, del ruido del tráfico, que no lo dejaba escribir en paz. Pocos días después, las autoridades decidieron cerrar la calle a la circulación con un letrero que informaba: «Prohibida la entrada a vehículos: ¡escritor trabajando!». No sé si las autoridades de Talpiot eran gente lectora; como mínimo, tenían una escala de valores que hoy nos parece de otro planeta. Agnon pudo seguir escribiendo en paz.

Una vez, medio en broma, Agnon dijo: «Un libro que no valga la pena releer no merece ser leído». Es una sentencia muy dura, pero creo que muy acertada, y que en *Yo confieso* pongo en boca de Isaiah Berlin, suponiendo que Agnon no me lo reprocharía.

25. Como desastres, aparte de los colectivos, vivió dos personales que son la pesadilla de cualquier escritor: en 1924, uno de los años que vivió en Alemania, un incendio destruyó todos sus manuscritos, con páginas y páginas que desaparecieron convertidas en humo y no volvieron jamás. Cinco años después, ya instalado en Jerusalén, durante los disturbios árabes de 1929, sus escritos y su biblioteca quedaron totalmente destruidos... Sí, una vez más: un caso clamoroso del «si no fuera por».

Era una cuestión de tono: hacer que Berlin citara a Agnon me parecía como escribir una nota a pie de página, sacando de la escena al pobre lector, que no tiene ninguna culpa. Para preservar la atmósfera y la verosimilitud opté por la inexactitud, con la seguridad de hacerle decir al Berlin personaje algo que se corresponde con la forma de pensar del Berlin persona. Pues bien: Agnon sabía que una lectura es un primer contacto con un texto y que el conocimiento del texto llega con la relectura. ¿Nunca os ha pasado acabar un libro que os ha interesado vivamente y notar que os resistís a abandonarlo? A veces volvéis al principio pensando que, nada, cuatro páginas para recordarlo, para no echarlo de menos, y al cabo de unas horas te das cuenta de que lo estás volviendo a leer entero. O coges un libro que ya habías leído, con la intención de recordar algo, cosa de cinco minutos, lo abres por la primera página y se produce el milagro: lo relees del título al colofón. En la relectura propiciada por esta fuerza mágica siempre surgen descubrimientos. Caes en la cuenta de relaciones que ignorabas, revisitas paisajes y pensamientos, descubres segundas intenciones... Es un placer. Y el desasosiego de la primera lectura (a veces provocado por la ansiedad de saber cómo continúa, cómo termina la historia), queda mitigado porque ya conoces la historia y puedes atender por fin a la riqueza de los detalles.

Releer enriquece. Es detener el ansia de la precipitación lectora, calmar tu interior y retornar a paisajes conocidos para revivirlos. A veces llego a pensar que durante nuestro crecimiento leemos mucho para poder releer en la madurez lo que merece una relectura. Los lectores somos como los rumiantes: tenemos un tiempo para arrancar y engullir la hierba (con voracidad o con calma, eso depende de cada uno), y otro, desde la soledad personal, para rumiar la lectura antigua, masticarla con calma, digerirla y hacerla nuestra para siempre. (Es lo que dice Bernardo Atxaga en la frase lapidaria que reproduzco al comienzo de este libro.)

La persona que tiene capacidad de releer es capaz de reflexionar, y creo que se está tomando la vida con unos principios que me interesan: no quiere establecer ningún récord de velocidad ni de cantidad: quiere poder disfrutar de esa lectura. Del mismo modo que el escritor no tiene ninguna razón para acabar un libro de un plumazo y estropearlo, el lector tampoco tiene por qué tener prisa. El montón de libros que espera a ser leído no va a salir corriendo; siempre encontrarás al libro fiel y paciente que te está esperando para que lo leas; tal vez, si vale la pena, para que lo releas más adelante. Porque lo que más se aproxima a la felicidad es poder dedicar muchas horas lentas a una vasta relectura de textos esenciales.

Todo lo que he dicho sobre la relectura en nosecuantísimas líneas, Stanislaw Jerzy Lec, un escritor polaco, maestro en la distancia corta, lo dejó dicho en un aforismo: «He estado de nuevo en Viena. ¡Cómo he cambiado!».

10

La impunidad imposible

Me ha ocurrido algo gordo. Cuando estaba a punto de
empezar este capítulo en que nos encontramos, he leído *Marques de foc*,[26] que es un libro en que Narcís Comadira habla de poetas y poemas que lo han marcado.
Al principio de todo cuenta su fascinación por el poeta
polaco Zbigniew Herbert y cita un poema suyo que
me ha hecho reflexionar, hasta el punto de traerlo aquí
como un ejemplo del hecho de que ni como lectores
podemos sentirnos a salvo ante la fuerza de la literatura. El poema habla de lo que siente el poeta observan-
do una foto de sí mismo que le hizo su padre cuando
era adolescente. Cuenta que en aquella época era feliz
(«la única sombra que conoce / es la sombra del som-
brero de paja...»). El fragmento que cito hace referencia a la idea de que la fotografía fija, eterniza (hace morir) a la persona retratada, que quedará inmóvil por los
siglos de los siglos y no podrá crecer ni evolucionar.

Ahora lo descontextualizo porque sólo citaré el
final, traducido por el propio Comadira:

26. Comadira, Narcís, *Marques de foc. Els poemes i els dies,*
Ara Llibres, Badalona, 2012.

pequeño mío mi Isaac agacha la cabeza
sólo un instante de dolor y después serás
lo que quieras —golondrina lirio silvestre
debo pues verter tu sangre pequeño mío
para que inocente quedes en el relámpago estivo
ya para siempre seguro como un insecto preso en el ámbar
bello como una catedral de helechos en el carbón salvada».[27]

La imagen a que alude este fragmento final está planteada con una dulce crueldad: «...petit meu Isa-ac...» «solament un instant de dolor...» (como cuando han de ponerte una inyección) «i després seràs allò que vulguis: oreneta, lliri...» «jo he de vessar la teva sang...» «que quedis ja per sempre segur...»

Esta imagen turbadora de Herbert (que de hecho «sólo» habla del «sacrificio» de dejarse fotografiar por su padre) se basa en un texto bíblico que todos (¿todos?) los lectores de estas páginas conocéis y habéis reconocido a la primera, que trastorna aún más y que nunca he aceptado ni he querido, sabido ni podido entender:[28]

Después de estos hechos, Dios quiso poner a prueba a Abraham; así que lo llamó:
—¡Abraham!
Respondió Abraham:
—Aquí estoy.

27. «Fotografía», traducción de Xaverio Ballester en: Zbigniew Herbert, *Poesía completa,* Lumen, Barcelona 2012. *(N. del T.)*

28. Reproduzco, con algún retoque, la traducción de la *Bíblia Interconfessional.* Ed. Proa, Barcelona 2012. *(N. del T.)*

Y Dios le dijo:

—Toma a tu hijo, el único que tienes y al que tanto amas, a Isaac, dirígete a la región de Moriá y, una vez allí, ofrécemelo en holocausto, en un monte que yo te indicaré.

Al día siguiente, de madrugada, Abraham se levantó y ensilló su asno; cortó leña para el holocausto y, en compañía de dos siervos y de Isaac, se dirigió al lugar que Dios le había indicado. Al tercer día, Abraham alzó los ojos y divisó el sitio a lo lejos. Entonces dijo a sus siervos:

—Vosotros quedaos aquí con el asno. El muchacho y yo seguiremos adelante para adorar a Dios; luego regresaremos con vosotros.

Abraham tomó la leña del holocausto y se la cargó a su hijo Isaac, mientras él llevaba el cuchillo y el fuego. Y los dos siguieron caminando juntos. Isaac dijo a Abraham, su padre:

—¡Padre!

Abraham respondió:

—Dime, hijo mío.

Dijo Isaac:

—Tenemos el fuego y la leña, pero ¿dónde está el cordero para el holocausto?

Abraham respondió:

—Hijo mío, Dios proveerá el cordero para el holocausto.

Y continuaron caminando juntos. Una vez llegaron al lugar que Dios había indicado, Abraham erigió un altar, preparó la leña y después ató a su hijo Isaac y lo puso sobre el altar encima de la leña. Pero cuando Abraham alargó la mano para tomar el cuchillo con el que degollar a su hijo, el mensajero del Señor le gritó desde el cielo:

—¡Abraham! ¡Abraham!

Él respondió:

—Aquí estoy.

El mensajero le dijo:

—No pongas tu mano sobre el muchacho ni le hagas ningún daño. Ahora sé que obedeces a Dios y ni siquiera te has negado a darle a tu único hijo.[29]

Para mí, este es uno de los textos más crueles del libro del Génesis. Está claro que, por esta proeza, Abraham es considerado el paradigma de la fe ciega en Dios; es considerado el padre de la virtud teologal de la fe. Yo lo veo, ahora que soy mayor y tengo hijos y nietos, como el paradigma de la ceguera fanática, y no puedo dejar de rumiar en qué estaría pensando Abraham cuando le dijo a Isaac que lo siguiera, o cuando cargó el haz de leña a hombros del muchacho; qué pensaba cuando subieron a la montaña en silencio; cuando lo ató a la pira (¿sin que el chico protestara?)... ¿Por qué el patriarca se mantuvo en silencio? ¿En qué pensaba? ¿Creía en aquel Dios que pedía cosas tan terribles?

Herbert, en cambio, coge el tema del sacrificio de Isaac y lo cuenta (perdonadme que me repita) con un verdadera cruel dulzura; se sirve de la fuerza que contiene el referente bíblico para fortalecer el poema cuya lectura me ha afectado tanto. Es un ejemplo

29. Traducción española de la Biblia Interconfesional, Editorial Verbo Divino, Pamplona, 2008. *(N. del T.)*

de cómo ni siquiera estamos inmunizados contra nuestras lecturas, sobre todo por una razón: si hemos concluido hace unas páginas que partir de cero es prácticamente imposible como escritor, tampoco podemos partir de cero como lectores. Sobre nosotros se ciernen todas las lecturas de nuestra vida, aunque no las recordemos. Porque hay todavía otro eco: he empezado leyendo a Comadira, que habla de Herbert y hace que lo lea; y Zbigniew Herbert cita, sin explicitarlo del todo, el sacrificio de Isaac... Y a partir de este episodio del Génesis he recordado la lectura de las conversaciones que Pierre Boutang y George Steiner mantuvieron hace más de veinte años en la televisión francesa acerca del mito de Antígona y del sacrificio de Isaac... Me ha vuelto a la cabeza, como el eco de un sentimiento que estaba dormido, la indignación de Steiner, que es la mía. (Ahora mismo no sabría decir si es «indignación» o «perplejidad»; da igual, adopto ambas como propias.) La fuerza del Génesis, como la fuerza de la Biblia, dejando de lado las lógicas connotaciones religiosas que tienen para los creyentes, me afectan porque soy lector y la Biblia, para mí, posee una innegable fuerza narrativa, como ya he dicho en este mismo libro, sólo reservada a los textos de los orígenes de los pueblos. El caso es que como lectores, y aquí es adonde quería ir a parar, leemos sin defensas.

«En el quiasmo, la Cruz está más cerca que en la temática de la Cruz.» Esta afirmación de Paul Celan, que ya hemos citado antes, incluye la esencia de la razón por la que escribo, la razón por la que considero fundamental el trabajo hecho poco a poco y con absoluta conciencia de estilo. Las palabras elegidas, la manera de decir, el orden de las palabras en la frase, la musicalidad que esta puede desprender, la calidad semántica de la palabra, las posibles homofonías y homonimias, las alusiones... Nada, nada, nada es gratuito en la escritura (ni esta reiteración de la palabra *nada*), y por más que se den momentos de arrebato intuitivo que hay que aprovechar y que pueden ser constantes, al acabar todo el proceso de escritura no puede quedar nada fuera de control, porque la literatura, que nació como un arte de transmisión oral, hoy es sobre todo escritura. Los ambientes y las atmósferas, las dudas de los personajes, sus secretos y sus miedos, los fracasos que arrastran y sus alegrías están construidos con palabras escogidas y ordenadas para crear el efecto y la atmósfera buscados o, por lo menos, intuidos.

Pero ¿qué escribo? Cuando lo hago, hablo de un mundo y de los personajes que más me atraen; pero me temo que en el fondo hablo de mí mismo. O, dicho de otro modo, hablo de lo que quiero: hago literatura, soy libre y me siento dios porque la creación literaria tiene este poder. Por tanto, si me apetece, cuento que aquí, ¿lo ves?, todo esto antes eran viñas. Y en la palabra *antes* ya hay un mundo soterrado con muchas historias: sólo es necesario desenmascararlo. Y si no, me invento una alegría y una pena para poder reproducir un gesto, una faceta del alma o una mirada que me han enamorado.

En el quiasmo, la Cruz está más cerca que en la

temática de la Cruz, porque el quiasmo es la cruz hecha lenguaje que algunos lectores no percibirán conscientemente pero que todos ellos acogerán en su interior. En el quiasmo, la Cruz está más cerca que en la temática de la Cruz, quiere decir que el estilo es lo que da naturaleza literaria a nuestra mirada de escritores o de lectores, y quiere decir que fondo y forma no pueden desligarse y que la forma es el fondo cuando saca la cabeza y el fondo es la forma cuando se ha diluido en temática y conforma el tema. Por eso el músico Jordi Sabaté puede decir, refiriéndose al concierto de clarinete de Mozart: «...están esas sextas que hacen: do, ri, dooo, ri, dooo, esas caídas tan maravillosas: pues esa forma del intervalo de sexta, precisamente, es al mismo tiempo su contenido, lo que te está diciendo. No habla de nada más: te dice lo que te dice precisamente por cómo lo dice».[30] Pensad en las palabras de Borges ya citadas, que es la misma obra la que le confía a su escritor la forma que ha de tener; lo dice refiriéndose sobre todo al género, pero también a aspectos de estilo. Por eso el hecho de escribir supone una terrible responsabilidad. (Acabo de emplear el adjetivo *terrible*, que es una palabra más grande que aquello a lo que se refiere. La sombra de La Rochefoucauld me vigila y me hace cambiar la palabra inadecuada.) Por eso el hecho de escribir supone una profunda responsabilidad, porque trastorna a quien escribe. Me recuerdo afectado por los avatares argumentales de algunos personajes de

30. «Jordi Sabaté en lluita amb l'entropia», Joaquim Noguero, *Revista Musical Catalana*, n°. 337.

mis novelas; me recuerdo escribiendo y sufriendo por los personajes; tan conmovido, en algunos casos, que tenía que dejar de escribir porque no podía ser tan implacablemente distante como me pedía la elaboración de la escena. Si el lector de estas elucubraciones que están llegando al final recuerda ese momento de cobardía que he contado hace unos capítulos de no dejarme invadir por los sentimientos que me regalaban los personajes, entenderá que el escritor madura como tal si madura como persona. A medida que te haces mayor no te da tanto miedo enfrentarte a tus emociones y, sobre todo, aceptarlas. Escribo lo que quiero, pero soy «tocado» por lo que he escrito. Escribir provoca secuelas.

Sé que algunos personajes (Andreu Perramon, Rafel Massó, fray Junoy, la madre Abadesa, Julià y Mercè Rigau, Miquel Gensana y Teresa Planella, el tío Maurici, Oriol Fontelles, Tina Bros, Elisenda Vilabrú y Valentí Targa, los Serrallac, padre e hijo, Adrià Ardèvol, Sara Voltes-Epstein y Bernat Plensa, Fèlix Ardèvol, Jachiam Mureda, el doctor Eugen Müss, el desgraciado Matthias Alpaerts y toda su familia...) me acompañarán siempre, para bien o para mal, en cierta forma como acompañaban, algunos, al mismo Adrià Ardèvol. En Varsovia, una lectora me preguntó con insistencia, mientras iba de una entrevista a otra, cuáles eran las razones por las que había hecho enfermar a Adrià, y por qué precisamente con esa enfermedad. Tuve que confesarle que, en el fondo, no lo sabía. Tal vez eran razones narrativas, de conveniencia narrativa; pero eran también razones de coherencia en la creación y en la evolución del personaje. Y alguna otra razón que me reservo. Ella insistía en que debía haber razones que...

—No —le dije, deteniéndome—. Lo he hecho porque he querido. Yo le he marcado su destino.

—¿Por qué? —Estaba escandalizada.

—Porque soy Dios.

Lo que no pude acabar de decirle, porque tenía prisa, era que las dudas de estos personajes, sus errores y aciertos y su destino, que he marcado yo mismo, también me influyen, porque soy su único responsable y acepto sus consecuencias. Los he creado y criado con palabras elegidas por mí, y he hecho que vivan una vida que estaba más pendiente de mis conveniencias narrativas que de los anhelos que yo mismo les había infundido. Me parece incluso un poco cruel; si te queda una pizca de compasión, a veces es duro ser dios.

Hablando de personajes, me he acordado del pobre Gustau, que me surgió inesperadamente en el momento de querer poner un ejemplo y para el que, después de regalarle una vida sorprendente para él y para mí, he decretado un final dramático y violento. He tenido tiempo de que se me despierte la curiosidad por su vida, pero he descartado profundizar en ella porque Gustau sólo era un instrumento de mis elucubraciones; su muerte no es heroica sino fatal; más bien diría que es trágica, ya que estaba anunciada desde el momento en que el personaje aparece ante mis ojos y los del lector. Todo porque se interpuso, sin saberlo, en los intereses de unos que no tenían escrúpulos. En cierto modo, me despierta más la curiosidad su desconocido amigo Jean-Yves Huteau, que se aburre mucho. Tanto uno como otro cumplen con su deber como personajes de cuento (al margen de la calidad relativa o inexistente de este cuento medio improvisado). Pero si estuviéramos haciendo una novela, ahora empezaría mi diálogo con Gustau, vivo o muerto, y con Huteau; y con la mujer de la melena rubia y el obtuso asesino cojo... Y con la mujer joven que actuó de cebo fallido. Y no podría desentenderme del subastador valenciano que ahora no está, sino que sólo se supone su presencia. A buen seguro que lo enredaría en la trama después de haber hecho las presentaciones que exige la cortesía más elemental.

Todos los personajes de mis novelas que he citado antes, y otros que no me han venido a la mente en el momento de escribir estas líneas, me han sufrido y yo los he vivido. Incluso cuando el personaje fue escrito hace mucho tiempo, como Barringa Barranga, o Jaume Galceran, de los que conservo la esencia por más que se me hayan evaporado muchos detalles que ya no recuerdo ni podré recuperar, dada mi actitud, muy criticada por mis propios personajes, de no releerme nunca cuando la novela aparece publicada, por razones que, si no me equivoco, ya he explicado más de una vez por escrito.

Los personajes son decisiones de estilo que van construyendo una personalidad, porque lo que se la acaba confiriendo (si llegan a tenerla) es la lengua en que el narrador habla de ellos o en que se expresan ellos mismos, ya que una novela son palabras. Las decisiones de estilo son mi realidad literaria y los personajes que se engendran a partir de ellas se convierten en una carga; no, más bien en un bagaje con el que debo convivir: además de las mías propias, he de cargar con las indecisiones y contradicciones de los personajes, no como una pesada losa, sino como una especie de destino fatal que asumo con gusto. Porque si algo he aprendido después de tantos años de hacer novelas es que no se puede escribir impunemente. Todo lo que he escrito me afecta y puede, ojalá, trastornar al lector, que no se escapa de esta falta de defensas, porque tanto escribir como leer deja marcas, recuerdos, quizá heridas que posteriormente serán cicatrices que te acompañarán en la vida. Cuando un lector tiene la amabilidad de comunicarme que la lectura de un libro mío lo ha impresionado (algo que me encanta que me digan), también debe saber que, previamente, ese libro me ha afectado a mí. No se puede leer, no se puede escribir impunemente: todo lo que se hace a conciencia marca al individuo. Y seguramente por aquí encontraríamos alguna respuesta parcial a la pregunta indiscreta de para qué sirve la literatura. Normalmente los implicados contestan, y yo lo hice también de joven, que no sirve para nada. Creo que esta respuesta es una gran mentira rebozada con demagogia. En el fondo sirve para remover el interior del individuo y para hacerle entender que en el quiasmo, la Cruz está más cerca que en la temática de la Cruz. Aunque no sepa qué demonios es un quiasmo.

Alguien puede pensar que del quiasmo y del tema de la Cruz no sacaremos ningún provecho. A este alguien le recordaré que el arte es gratuito, que existe porque el artista quiere trabajar en él y crearlo. El día que no nos preguntemos para qué sirve el arte, y gocemos de él sin más preguntas, seremos un poco más libres.

No sé muy bien por qué, hace más o menos un par de años, empecé a escribir estas reflexiones que ahora voy concluyendo. Me han ido bien para volver a mi interior, después de haber observado un duelo desgraciadamente cruento, a causa de las consecuencias de mi distanciamiento del mundo y de los personajes de *Yo confieso*. Es justo decir que me afané por racionalizar, durante los meses que he dedicado a escribir estas páginas, aspectos del oficio de narrar, haciéndome preguntas para las que no tengo respuesta, o reproduciendo las que me hacen lectores de todo tipo y de todas partes. He dicho cosas más o menos acertadas, más o menos necesarias... Pero llega un momento en que me quedo con la sensación de no haber dicho apenas nada de provecho, o de no haber sabido explicarme lo suficiente. A la hora de crear, a la hora de escribir, por más experiencia que haya acumulado, no puedo ofrecer nada seguro y palpable. Hace muchos años que he asumido que cuando hablamos de arte y de creación nos hallamos en el reino de las incertidumbres.

Matadepera
25 de junio de 2012-5 de junio de 2014